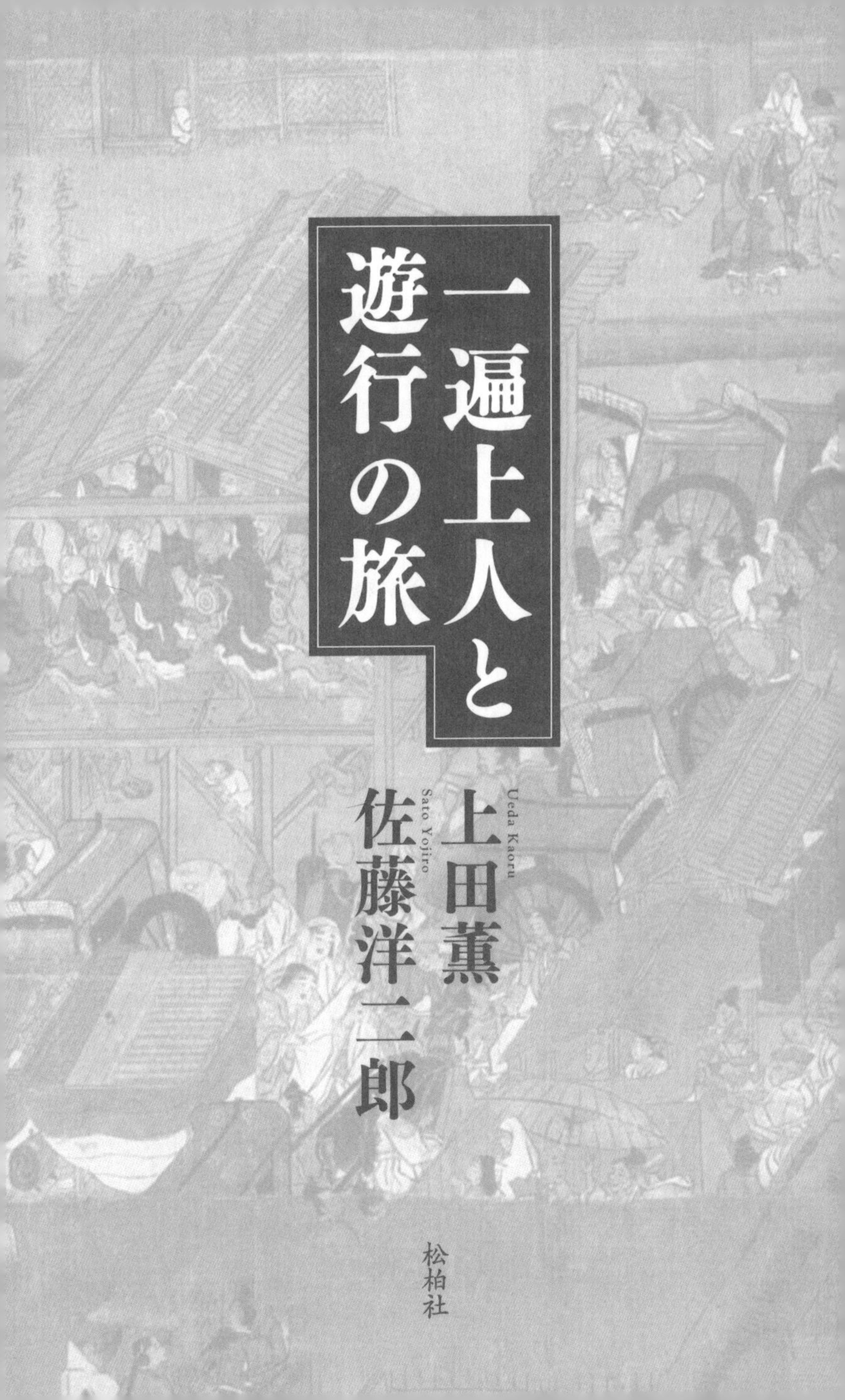

一遍上人と遊行の旅

上田薫
Ueda Kaoru

佐藤洋二郎
Sato Yojiro

松柏社

まえがき

この数年、暇を見つけては同僚の上田薫氏と一遍上人の足跡を訪ねた。『一遍聖絵《ひじりえ》』（以下『聖絵』と記す）を一つ一つながめて出かけたのだが、こちらは新幹線やレンタカーを使っての旅だったので、彼らと比べると肩身が狭い。

それにしても七百年以上も前に、全国を歩いた一遍たちの心情は、どういうものだったのかと改めて考えさせられた。阿弥陀仏の光徳《こうとく》を信じ、踊り念仏を唱えることで無我の境地になる。多くのことが科学の力で解明できるようになった現代とは違い、当時は、まだなにもかも畏怖する時代だったのだ。雷や木々のざわめきに恐れ、自然の力を神の力だと思い込んでいた。

わたしたちの現在の目で一遍たちの思考や行動を見てはならない。彼らは本気で神の存在や仏の力を信じていたのだ。信じるものがあるというだけで、生きる指針になるではないか。

元々日本人は信仰心の強い民族だ。それが明治維新以降の神仏分離、国家神道の構築のための廃仏毀釈《はいぶつきしゃく》、および宗教弾圧、その結果、わたしたちは無宗教という言葉を口にするようになった。だが実際は無宗教者であるはずがない。家には神棚もあるし仏壇もある。

明治の神仏分離令によって神仏へのおもいも変化したが、維新を境にして精神の断層がわたしたちにはある。それを今更問うてもどうなるものではないが、先人の足跡を訪ねる時にはそのことを忘れてはいけない。

現代の人間よりもはるかに神や仏は身近にいたのだ。畏怖するものが多ければ多いほど、わたしたちは生きることに真摯《しんし》になり、謙虚になる。科学が発達すればするほど神の領域を窄《すぼ》められる。確かにその科学の力でわたしたちは豊かな生活を手に入れた。寿命も伸びた。意識がなくても、器械によって何年でも生かされる時代になった。一遍たちの時代から見ればそれこそ神や魔法の世界にいる。我が身の死すら人に管理される時代になっているのだ。そのことが本当にいいことなのか、悪いことなのか。わたし一人問うてもどうなるものではないが、人間は実に不思議な生き物だと気づかされる。

あらゆるものの命を食って自分たちの命をつなぎ、懊悩《おうのう》の世界を溺れるようにして生きる。人間ほど哀しみや苦しみを背負って生きる者はいない。そのことから少しでも解放されようとして神仏に頼る。なんとも摩訶《まか》不思議な生き物ではないか。

その人間も他の動物と同じように、不安や焦燥心に取り憑《つ》かれると、じっとしていられなくなる。彼らが生きていた時代は世の中が乱れ、末法と言われていた社会だ。争いや飢えの中で、緊張を強いられて生きていたはずだ。恐怖や不安の中にいれば、それらの感情はよけいに増す。

彼らは神仏に縋《すが》り、恭順するだけでは解消せず、体を動かし、踊ることによって心身を解放しようとしたのではないか。わたしは彼らの後を追って、ふとそんなことを思案してしまった。

そして全国の寺社や離島を歩くこちらも、生きる不安や焦燥を宥《なだ》めるためにやっているのではないか。そんな偉そうなことを考えてしまったが、それも一遍の足跡を訪ねる旅だった。歩いていれば、心の中に押し寄せてくるさざ波のような不安も、うまくいかない人生も引き潮のように去っていく。無我の境地の真似事もできる。命をかけて遊行《ゆぎょう》をした彼らとは違うが、旅をしていれば、忍土《にんど》のこの社会も、多少は平静に生きられる気もしてくる。

死んで浄土に行きたいとはおもわないし、それなら生きている今を浄土にしたいと考えるが、この世につけられた言葉は娑婆《しゃば》や忍土、苦界とあまりいい言葉は見つからない。彼らも生きる懊悩に取り憑かれていたのかもしれない。それを懸命に宥《なだ》め振り払おうとしていたのだ。

一遍が逝ってから七百二十余年が経つが、わたしたちの苦悩は少しでも解消されたのだろうか。そんなことはないはずだ。むしろ複雑化した社会では様々な軋轢《あつれき》を生み、その感情は逆に増したのではないか。

家族が大切だと気づいていても、その家族と一番諍《いさか》いを起こす。うまく物事を対処したとしても嫉妬を受けることもあるし、いいことはながく続かない。幸福だと感じた瞬間が頂点で、反対に災いの始まりだったりもする。思い通りにいかないのがわたしたちの人生だ。幸福などというものは、数多の煩悩《ぼんのう》があるがきり一過性のものだろう。わたしにはそう思えてしかたがない。

幼い時分からいつもふらふらして夢想ばかりしていたが、長じてそのことが放浪癖につながった。この三十余年の間、数千の神社を歩いたし、全国の離島もほとんど歩いた。古いものばかりに目がいってしまうのだ。

そう考える心の底に、新しさは古さの中から生まれるとの思いがあり、交通の便が芳しくないところほど、それらのことが堆積する時間に埋没することなく、露出していると信じているからだ。

わたしは旅で死んでもいいと思っている。どうせどんな死でも無様《ぶざま》なものだ。いい死に方、悪い死に方などないはずだ。それは後に残っている者の心の問題だ。畳の上で死のうが病院のベッドで死のうが、あるいはどこかでのたれ死にしようが死は死だ。人間も草木と同じようにいずれは朽ちる。その朽ち方は一様ではないが、そうなることには変わりはない。

あの世もまた苦界浄土だとしても、わたしたちは希望を持つ。なぜならそれが生きる糧《かて》になるからだ。だから一遍たちは死すら畏《おそ》れなかった。そして彼の足跡を訪ね終わって思案したことは、もしこの一遍が、道元や法然、日蓮のように多くの言葉を残していたら、彼の時宗は、現代にどんな影響を与えただろうかということだ。
なぜならわたしたちは言葉に沿って物事を思考していくからだ。残された言葉が人をつくっていくが、もし一遍が多くの文字を書き残していたら、もっと立派な人格が現れていたのではないか。いずれにせよこの数年間は、一遍上人が常に身近にいて、愉しい月日だった。

（佐藤）

もくじ

一遍上人と遊行の旅

宝厳寺

松山の道後温泉が日本最古の温泉だと言われているのも、『釈日本紀』や『伊予国風土記』など多くの書物に文章が見え、上代には熟田津《にきたつ》の石湯《いわゆ》と呼ばれ、景行天皇や聖徳太子、天智天皇や斉明天皇など何人もの天皇や皇族が訪れている。一遍はこのそばで生まれ、宝厳寺が生誕地と言われている。

彼の父親の河野通広は承久の乱で敗れ、陸奥国に配流《はいる》されていた河野通信の子息で、出家して如仏と名乗っていた。その子である一遍は幼くして母親を失い、十三歳で大

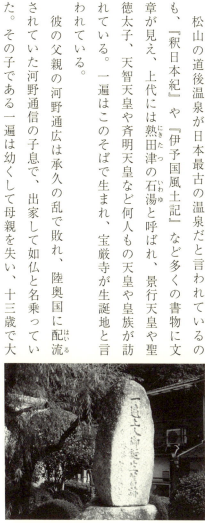

宰府の聖達《しょうたつ》に預けられ、浄土宗の教えを学んでいる。

やがて父親の死により、一旦この地に戻った。そのうち僧として生きる気持ちを固め、文永八年（一二七一）に伊予国の窪寺で修行を始めた。三年後、菅生の岩屋寺に参籠《さんろう》をし、翌年から全国遊行の旅に出る。以後正応二年（一二八九）に亡くなるまで十五年間続く。北は祖父が配流《はいる》になっていた陸奥江刺から、南は大隅国正《おおすみこくしょう》八幡宮まで行っている。当時としては大変な行脚だ。

そして踊念仏・六斎《ろくさい》念仏※の祖と呼ばれる空也が、一遍に最も影響を与えたと言われる。その空也は醍醐天皇の落胤《らくいん》説や常康《つねやす》親王の子という噂もあるが、その出生ははっきりとしていない。延喜二年（九九一）に尾張国分寺で出家して空也と名乗り、南無阿弥陀仏の六文字を唱えながら全国を歩いている。折々に道路や寺院、橋などを造り、貴賤を問わず市井《しせい》の人々の幅広い支持を集めた。

もう一人強く影響を与えたのが教信だ。この人物の生年出自は不確かで、一応は天応元年（七八一）に奈良あるいは京都で生まれ、藤原鎌足の五世の孫、光仁天皇の末《まつ》裔《えい》と言われているが、興福寺を出て諸国を旅し、現在の加古川市野間口に草庵を造りとどまった。妻子もいたという人物だ。彼は親鸞や一遍に慕われ、一遍は亡くなる寸前まで、彼が祀られている教信寺を目指していた。

その教信は日々、昼夜を問わず念仏を称えていたので、阿弥陀丸とか沙弥《しゃみ》※教信と呼ばれるようになったが、南無阿弥陀仏を常に口にするのは、彼がはじめてだということになっている。非僧非俗となった教信が、親鸞や一遍に敬まれたのはその行動にある。親鸞や一遍がより実践したという見方もできる。

一遍が卑俗な者たちを咎《とが》めず差別せず、一緒に諸国を歩いたのも、教信の考えに共鳴したからだろうし、阿弥陀仏の光徳《こうとく》を世に広めたのは、空也や教信をはじめとするが、それをより行動で市井の人々までに届かせたのが、親鸞や一遍ということになる。

五十一歳で生を閉じた彼の心には、「生ずるは独り、死するも独り、共に往するといえども独り、さすれば、共にはつるなき故なり」という言葉があったというが、今日では短い一生の中で、どんなおもいを行き来させて生きていたのか。

※六斎念仏…六斎日（毎月八・十四・十五・二十三・二十四・三十日）に行われる念仏。
※沙弥…具足戒を受けていない在俗の僧。

ただひたすらに南無阿弥陀仏の六文字を称え全国を歩いたが、その心中はどんなものだったのか。南無は恭順するという意味だが、なにもかも阿弥陀仏の光徳《こうとく》を信じ「南無阿弥陀仏　決定往生六十万人」と記した札を日本全土に配り歩く遊行をしたが、そのおもいは人々の救済を強く願ってのことだ。

その一遍が生まれた誕生寺の本寺は、一九四九年に愛媛県の史跡に指定されていたが、二〇一三年の八月十日に火災により、本堂と庫裏《くり》が全焼し、重要文化財であった木造の一遍立像が焼失した。その記事を読んだ時、行って間がなかったのでしばらく茫然とし、寺とその風景が瞼の裏側に一段と焼きついた。

あの世の一遍はどんな気持ちだったのだろう。生前には貴賤に関係なく、この世では踊念仏を称え、幾多の人々を阿弥陀仏の光徳によって救済しようとした彼のことだから、自分の木像が消滅したことなど、どうでもいいのかもしれない。

身は襤褸《ぼろ》を纏《まと》っていても、人々を阿弥陀仏の力で救おうとした一遍は、気高く清く生きることを願っての、半世紀の人生だったのではないか。脳裡《のうり》に燃え上がる宝厳寺の姿を浮かび上がらせながら、ふとそんなことを思案してしまった。

（佐藤）

太宰府天満宮

「福岡県の歴史」によれば、「太宰府」が文字に表れるのは、『日本書紀』において、持統天皇三（六八九）年九月に石《いその》上《かみ》の麻呂《まろ》、石川蟲名《いしかわむしな》たちを筑紫にやり、位記を送り、新城を藍《み》させたという箇所が最初である。

そして大宝元年（七〇一）の大宝律令で太宰府の官制が成立し、大宰帥《だざいのそち》以下四等官だけで一四名、品官《ほんかん》（各種の専門及び技術官人）や史生《ししょう》も入れて、定数五〇名という律令制官衙《が》最大の機構となり、西海道（九国二島）の中央政府となっている。九州における外交・防衛の拠点だった。

そこに菅原道真は大宰権帥《だざいごんのそち》として左遷された。それまでの道真は中央では右大臣まで駆け上ったが、左大臣藤原の時平の讒言《ざんげん》で失脚した。大宰権帥は大宰帥の下で副長官の位置に当たる。

道真の失意は相当のものだったと推測されるが、その地で亡くなった。葬られたところが今の太宰府天満宮である。彼の死後、都の天変地異が多発し、今日の天満天神信仰の対象になっている。

人々が落雷を避けるために「くわばら、くわばら」と呪文をとなえて逃げる様は、都に災難があっても彼と関係の深かった桑原地方にはなんの災難もなかったので、人々が自分もそこの出身だから、どうぞ危害を与えないでくださいという俗信による。

それだけ道真の怨霊を恐れていたということになるが、当時の太宰府は、現在のわたしたちが想像するよりもはるかに国家的役割を担っていた。西海道の中央政府と思われていたし、全国の調庸物は都に運ばれていたが、西海道諸国の調庸物はいったん太宰府に納められ、都に送られる物と太宰府用に仕分けされていた。つまり絶対的な権力を持っていたということになる。

それでも朝廷で権力を持っていた道真には、忸怩《じくじ》たるものがあったということだろう。なにもかも捨て、非人たちとともにそこを通った一遍には、権力に目が向いた人間たちの姿が、どういうふうに見えたのだろう。煩悩《ぼんのう》まみれと映ったのだろうか。

俗に煩悩は一〇八あり、除夜の鐘を衝くのは一〇八の煩悩をなくすためだというが、最少で三つ、普通は一〇八、最大は六四〇〇〇あるといわれている。つまり無限にあるということだ。その煩悩の根本には貪欲《どんよく》・瞋恚《しんに》・愚痴とあり、これを三毒と呼んでいる。貪欲は我欲を必要以上に求める心、瞋恚は怒りの心、愚痴は物事に対する無知を意味する。これらのことが諸悪の根源だともいわれている。

わたしは太宰府天満宮の境内を歩きながら、ふとそのことを考えてしまった。こちらはその煩悩の海を溺れるようにして、人生を歩いてきたが、それも残り少ない。還暦前後に多くの友人知人を失ったが、我が身と彼らの生の道のりを反芻《はんすう》すると、どんな生き方がよかったのかとおもってしまう。

多分、どんな生き方であっても大差はないし、孤独を癒すために生きているのが、人生ではないかと穿《うが》った見方もしてしまう。人間もいずれ草木のように朽ちる。彼らと同じようにいい死に方もわるい死に方もない。

そう感じるのは後に残っている者の感情だ。畳の上で亡くなろうが、病院で死のうが死は死だ。残るのは哀しみだけだ。六十半ばまで生きてきて、多くの死者たちの弔いに接したが、人生は実に儚《はかな》い。先人たちが泡沫《うたかた》だという気持ちもわかる気がする。

そのことを誰よりもわかっていたのは、「東風吹かば　匂いおこせよ　梅の花　主《あるじ》なしとて　春をわするな」あるいは「まどろまず　ねをのみぞなく　萩の花　色めく秋は　すぎにしものを」（一睡もせずに泣いてばかりいる。都へ帰れぬまま、萩の色美しく咲く秋はすぎてしまった）と詠んでいるところをみれば、道真さえもまだ煩悩《ぼんのう》が残っていたということだろう。

そんなことを捨聖《すてひじり》の一遍が気づいたとすれば、どんな気持ちになったのだろう。境内では多くの若者が学問の神様に願いを込めて、おみくじを枝先に結んでいた。その光景をながめて、人生に夢を持てる人たちはいいなとおもってしまった。（佐藤）

筑豊清水寺

宮若市は二〇〇六年二月に鞍手郡宮田町と同若宮町が合併してできたものである。二〇〇九年四月の総人口は、三〇六八余名である。宗像《むなかた》市、北九州市、福岡市の中間に位置し、現在は福岡市、北九州市の通勤通学圏にあるが、昭和三〇年代までは、産炭地域として栄えていた。

ながらく宮田町と呼ばれていたのは、古代、大化の改新によって、一帯の土地が宗像大社に寄進されていたからだ。近くには多くの古墳があり、当時から開けていたことがわかる。

清水寺は西山の中腹、標高三〇〇メートルの位置にあり、その前に立つと若宮盆地が広がり、遠く北九州の町までながめることができる。以前は隣町の直方《のおがた》、飯塚と並び、産炭地区の中心地であったが、その景色はどこにもない。美しい自然が広がっているだけだ。

盆地にはさわやかな風が流れ、稲刈りが終わった田の中を白鷺が歩いていた。一人の男性が農道を走り、彼がそばを通ると、鷺は優雅に舞い上がった。

古代においては遠賀《おんが》川もっと深く入り込んでいた。そう遠くない鞍手町には、今は田園地帯だが島という地名の土地もある。海鳥や鷺が飛んでいるのは、往古《おうこ》の記憶が彼らに残っているからではないか。

その盆地の一番上にある清水寺は、天平時代(七二九―七四八)に行基が開いたとされ、真言宗仁和寺《にんなじ》の末寺で、市内最古の古刹《こさつ》。石垣を積み上げられた寺は、『聖絵《ひじりえ》』とよく似ているが、佐賀の清水寺とどちらに、一遍が訪れているかと説がわかれている。

そのことは別項で書くが、この若宮地区は、今は玄界灘に面する神湊《こうのみなと》や大島に鎮座する宗像神社の三女神が、降臨してきた土地だという伝説がある。近くの六ヶ岳は鞍手町室木と若宮市龍徳との境にある標高三三九メートルの山だ。山麓には六嶽《むつがだけ》神社があり、宗像三女神が祀ってある。

わたしも登ったことがあるが、そこからは宗像市・鞍手町方面には玄界灘・響灘が見え、北九州市・下関のほうには北九州工業地帯が、直方市・田川市方面に目を向ければ英彦山《ひこさん》が見渡せ、そこにいると空が広々としていて、心が穏やかになってくる。六ヶ岳といわれる由来は、山の頂が「朝日、天山、羽衣、高祖、崎門、出穂」の六つの峰から構成されているからそう呼ばれるようになった。

寺の前に立つとなだらかな傾斜になっていて、あたりの土地が一望できる。この農道を通って人々は祈願していたのかとおもうと、ふと自分も時空を超えて、中世の人間のように感じられてきた。それも武士ではない。襤褸《ぼろ》を纏《まと》った農民の姿だ。いくら働いても楽にならない身に、いつか神仏のご加護があると信じて生きる。人生を一転させる幸福が我が身を包みこんでくれる。

そんな妄想を抱いて境内に入ると、人影はまったくなかった。ひっそりとしていて、一層時間が停まっているような錯覚を持たせた。そういえば石炭が豊富に取れていた頃、この遠賀川の川筋には多くの芝居小屋があったことを思い出した。

地の底に入り、黒いダイヤを掘り出す。それがゴンタ船に積み込まれて、北九州の工場地帯まで運ばれる。この筑豊や北九州一帯は仕事を求めて、多くの人々が住みついた。彼らの唯一の娯楽が芝居見物だったのだ。旅役者が舞い、歌い、ほんのひと時の解放感を得る。それが映画やテレビに押され、劇場は一つ一つ姿を消していった。

この静かな景色はつわものどもの夢の跡なのだ。小屋で踊り狂っていたのは、一遍たちの末裔《まつえい》ではなかったのか。そんな夢想に再び取り憑かれていると、海鳥が真っ青な空に羽を広げて、地上を睥睨《へいげい》するようにゆっくりと舞っていた。

（佐藤）

肥前清水寺

筑豊の若宮市の清水寺とこの佐賀の清水寺と、一遍はどちらを訪ねたかという話がある。それで訪ねたのだが、あんなに往生をした場所探しは初めてだった。

佐賀市大和町梅野近辺だと調べていたので、福岡市内からレンタカーを借り九州自動車道を走った。佐賀大和インターで下りて、嘉瀬川沿いをまた福岡方面に上がった。岩のごろごろした川で、人家は山と山の間の狭い通りがあるだけで、目を凝らしていれば寺は見過ごすことはないはずだった。

だがいくら走っても人家は少なくなってくるばかりで、目的の寺はない。ナビゲーターにも登録されていない。途方に暮れて土地の人に訊いても首を傾げるばかりだ。三人ほど訊ねたがそのうちの一人が、小城市のほうではないかと言った。その言葉を頼りに再び戻ったが見当たらない。それでまた四、五人に訊ねると、もっと山の奥だと教えてくれた。

細い道を登って行くと佐賀平野が広がり、それが美しくほっとさせられたが、目的地らしい場所に着くと、山あいに鯉料理を出す旅館が何軒か固まっていた。そこは清水滝という名所があって、清流で鯉を育てているらしい。

わたしは寺の脇の駐車場に車を置き山に入ったが、一遍との関わりを示すものは見当たらない。どういうことかとここでも思案し、旅館までまた下り尋ねた。四人の地元の人に訊いたが、誰も彼のことは知らなかった。

わたしはもう一度山に入った。坂道を登って行くと水音がし、やがて目の前に鬱蒼《うっそう》とした木々の中に、水が落ちる滝が見えた。高さ七五メートル、幅十三メートルの別名「珠簾《たますだれ》の滝」と呼ばれている。

その前に佇み見上げていると、わたし以外にも数人の年配者がいて、見事なものですなあと声をかけてきた。こちらも同じように返答を返したが、天台宗清水山見瀧《きよみずさんけんりゅう》寺宝地院《じほうちいん》は由緒によると、延暦二二年（八〇三）に桓武天皇の勅命により、聖命上《ひじりみょう》人が開基した。国家鎮護の道場だった。

その後、佐賀藩主鍋島勝茂が武運長久と国家安康を願い、観世音菩薩を勧請《かんじょう》※して清水山を建立した。今日ではこの滝と鯉の生づくり料理、夏季のキャンプ地として多くの人々が訪れている。

山を歩いていると、一遍はやはり奥深い山道を歩いて、ここにもきたはずだという気持ちに駆り立てられたが、多くの修行する者たちを見て、どんな気持ちになったのだろう。山を下り、ふたたび元きた道に戻り振り返ると、蝉の鳴く声が山々から響いていた。

しばらくその鳴き声を耳底に受けていると、「色即是空　空即是色」という言葉が脳裏に浮かんできた。蝉も人間も生きて死ぬだけの運命だが、その中で苦しんだり泣いたりしてわたしたちは生きているが、少し厭世的なものの考え方を持つと空しいことばかりだ。

なにがあっても前向きに生きなければいけないのだが、時々わたしたちは人生の

※勧請…神仏の霊を分霊して迎え祀ること。

陥穽《かんせい》に落とされ、生きることを見失うこともあるが、それはいつどこで起こるかわからないし、誰も予知できない。

恐る恐る歩こうが、駆け足で急ごうが、至る所に落とし穴はある。また這い上がり生を全うとして、儚《はかな》いゴールを目指すしかないのだが、つくづく生きることはしんどい。

一遍はその迷いや難儀さを阿弥陀仏に求めたが、心底、心が晴れたのだろうか。晴れることがあったとすればどんな時だろう。そうではないから踊り、歩き続けたのではないか。疲れた体を滝の水で宥《なだ》め、今日では日本の百名水に入っている水で喉を潤し、ひと時の安堵を幸福と感じたのではないか。

誰かが山の奥で声を上げると、蝉の声が一瞬鳴き止んだ。それから以前よりも一段と鳴き出したが、その声が生きる叫びのように聞こえてきた。何年も土の中にいて、ほんのわずかだけ地上に現れて鳴きじゃくる。

この世で彼らより圧倒的にながく生きる人間はもっと苦しくて、本当は蝉よりも泣き続けて生きているのではないか。そのことを少しでも払拭したくて、一遍たちは舞い踊り、旅をしていたのではないか。

（佐藤）

善光寺

「牛に引かれて善光寺参り」思いがけずよい結果に導かれることを表す慣用句であるが、嘗ての善光寺の賑わいが目に浮かぶようなユーモラスな光景ではないか。『善光寺縁起』の錦絵には、不信心な老婆が、棹に干していた白布を角に引っ掛けて走り去る牛を追いかけたために、善光寺に行き信心を起したという話が描かれている。五来重《ごらいしげる》は、これは地口《じぐち》＝洒落で本来は「御師《おし》に引かれて」が、「牛に引かれて」に転訛《てんか》したものだと述べている。御師とは寺社参りの先導をする者のことである。善光寺参りは村々で講中《こうじゅう》

を組織し、先達＝御師《おし》を立ててお参りしたのである。何れにせよ、善光寺は祖霊崇拝の聖地として出発した出自を今もなお色濃く受け継ぎ、後生安泰と阿弥陀信仰の祈願所として訪れる者は後を絶たないのである。

『聖絵《ひじりえ》』によれば一遍はこの善光寺を二度訪れている。一度目は文永八年の春、世俗の暮らしを捨てる覚悟を定めるため、二度目は弘安二年の冬、陸奥に祖父の河野通信の墓参の途上に立ち寄っている。一遍にとって誠に意義深く、そして『聖絵』がその様子を描いているのは一度目の参詣《さんけい》である。生の大転換を企て、家庭を捨てて遊行の聖として生きようと思い立った時、彼は直ぐに太宰府の聖達《しょうたつ》師を訪ね、遊行の第一歩を善光寺から始めようと決意する。聖戒《しょうかい》を伴って真っ直ぐに信濃の善光寺を目指したのである。『聖絵』には善光寺への街道を横切る犀川《さいがわ》の流れや、参道を進む参詣者たちの様子が生き生きと描かれ、旅路の始まりといった緊張感が伝わってくる。

ここで、一遍は参籠《さんろう》の日を重ねて秘仏の阿弥陀三尊像に会うことが出来たという。秘仏に会うということは、夢の中か、瞑想の中で会ったということだろう。善光寺如来は三国伝来の生きた仏と信じられており、託宣《たくせん》を下すことで知られていた。また天竺の月蓋《がっかい》長者の娘如是姫《にょぜひめ》を救ったというこの阿弥陀仏は、女人救済の有難い仏として女たちの参詣者も多かった。一遍が女人救済を始めから念頭においていたかどうか定かではないが、一切差別を超脱した救済の希望を説く一遍の、誠に相応しい出発点だと言って良い。

一遍はこの時、善導の『観無量寿経疏《かんむりょうじゅきょうしょ》』散善義にある二河白道《にがびゃくどう》の比喩を感得して絵に写し取っている。二河白道の比喩というのは、次のような話しである。

旅人の前に怒り憎しみを表す火の河と貪りを表す水の河があり、その中を東西に一筋の細い白道がある。後ろからは盗賊や獣が迫っていてこの道を進まなければ命はない。その時此岸《しがん》からは「この道をゆけ」という釈迦の声がする。彼岸《ひがん》からは「この道を渡ってこい」と阿弥陀仏の呼ぶ声がする。旅人はその声に勇気づけられて意を決し、白道を進んで西岸にたどり着けたというものである。

一遍が二河白道の旅人だとするなら、どんな想いに追いつめられて白道を渡らねばならなかったのだろうか。一遍が再出家した経緯は三つ伝えられている。一つは『聖絵』に語られている独楽《こま》の話だが、輪廻《りんね》の業も独楽と同じで自ら廻さねば廻らないと悟ったというもので、心の平安を得るには、世俗の因縁を断ち切れば良いという認識を示している。二つ目は『遊行上人縁起絵』（以下『縁起絵』と記す）の、親類の中に遺恨を蔵する者があり、斬りつけられ危うく難を逃れたものの、それが発心《ほっしん》のきっかけとなったのだというもの。そして三つ目は『北条九代記』にある話で、普段は仲の良く見えた二人の妻たちが、一つ枕で寝ていると、髪が小さな蛇になり互いに食い合っている夢を見て、愛執《あいしゅう》の恐ろしさを悟って出家したというものである。その何れもが、離俗発心の理由として故なきことではなかろう。しかし、筋の通った悟得《ごとく》の道理も、骨肉の争いも、愛憎の苦しみも、私にはこの希有なる求道者の人生の理由としては不十分に思えてならない。彼が描いた二河中の白道は、決して現実の問題＝苦しみからの逃げ道ではなかったはずである。勿論、骨肉の争いも、愛憎の苦しみもこの世を穢土《えど》と観ずるためには十分な理由であろう。しかし、私たちにも経験のあるこうした失望や忌避の感情は、私たちを絶望と無気力とに追いやることはあっても、発心の決意には導かない。反対に、一念発起の心理は希望や憧れから発するものである。人生のより高い価値だけが人間を引き上げる。一遍にしても、彼の人生を引き上げた力は、絶望の内から発したのではなく、教信や空也といった先師《せんし》の人生への憧れや、克己《こっき》の意志より発するものであって、彼を励ます釈迦の此岸《しがん》の声も、彼岸《ひがん》から彼を呼ぶ弥陀の声も、要するに一遍自身の心の内に巣食っていた身を焦がすような憧憬《しょうけい》の心の叫びではなかったかと私は推測するのである。

（上田）

窪寺

文永八年という年は、元寇文永の役が起こる三年前にあたる。この年に、還俗《げんぞく》して世俗に八年余を過ごしていた一遍は、一念発起して再出家を遂げた。一遍は母の死を契機に出家して、十三歳で太宰府の聖達《しょうたつ》に師事してより十二年余を九州で過ごした後、父如仏《にょぶつ》の死を受けて故郷に戻っていた。恐らく、師聖達は妻帯の僧であったから、師と同様在家の僧として妻帯し、家督の存続をはかったのだと思われる。

しかし、その生活は必然的に、親族間の利害や、武家と

して求められる義務や、恩愛の確執から逃れる事の出来ない定めを背負っていた。そうした、潜在的な不安材料が噴出する何らかの切掛けがあり、一遍は退っ引《のっぴ》きならぬ決断を迫られたのだと考えられる。『聖絵《ひじりえ》』は「在家にして精進ならんよりは、山林にしてねぶらんにはしかじと、仏もをしへ給へり。また聖としかとは里にひさしくありては難にあふ」とその時の心境を記している。

勿論、そうした在家僧侶としての生き方を歩むことも選択肢としてはあったはずである。しかし、一遍には当時一般的であった在家僧侶の生き方では、どうしても満たしえない心の空白があったのだろうと思われる。それは例えば、教信や空也や性空《しょうくう》などの生き様への熱い憧憬《しょうけい》の思いだったかもしれない。何れにせよ、一遍は在家の生活においては免れることの難しい罪業《ざいごう》を断ち切る方法を探し始めたのであった。

一遍は即座に旧師聖達を訪ねて太宰府に赴く。その旅には聖戒《しょうかい》（異母弟）も伴われていた。師とどんな話をしたかは、伝えられていない。取って返して、二人は信州の善光寺に詣で参籠《さんろう》日数を重ねて二河白道の図を感得し、それを本尊として帰郷後窪寺に隠棲するのである。この隠棲は二年余続いた。この二年の年月の意味は、我々には計りがたいだろう。何れにしても、一遍はこの時「十一不二《じゅういちふに》の頌《じゅ》」※を詠じてその心境を表した。

十劫正覚衆生界《じっこうしょうがくしゅじょうかい》　一念往生弥陀国《いちねんおうじょうみだこく》
十一不二証無生《じゅういちふにしょうむしょう》　国界平等坐大会《こっかいびょうどうざだいえ》

この「十一不二の頌」は次のように解釈することができる。「十劫《じっこう》という遠い昔に阿弥陀仏が衆生《しゅじょう》救済の誓願をたてられたことにより、人々は一遍（一度）の念仏で極楽浄土に生まれられることが定まった。十劫以前の誓いと、たった一遍の念仏が一体であるということは永遠の真理であり、此岸《しがん》と彼岸《ひがん》は相等しく、人々は既に仏の膝《しっ》下《か》にある」窪寺で一遍はこのような確信を得たのである。その後、この宗教的確信を更に揺るぎないものとするため、菅生の岩屋での苦行を経ていよいよ一所不住の遊行を開始する。しかし、この最初の賦算《ふさん》遊行の旅は、熊野に於ける試練の前に大きな挫折を味わうことは後に触れられるだろう。

私は当然この「十一不二の頌」を繰り返し読むのであるが、やはり余りにも理詰めで堅苦しい表現だというのが正直な感想である。後に一遍は素晴らしい和歌を沢山《たくさん》詠んでいるが、そうした自然で自由な表現の妙に達しているとは言いがたいように思われる。一遍は再出家を決意した時、その心境を一首の歌で表現していた。

世をわたりそめて高ねのそらの雲たゆるはもとのこころなりけり

俗な世を渡り始めてかかっていた空の雲が、いま消え去ってみると本来あるべき自分の心があらわれてきた、というのである。一遍には天性の詩才があるのだが、こうした歌は、旅とともにどんどん自由で、澄み渡ってゆき、弟子たちに語ったどんな法語よりも、一遍その人の本質を映し出しているように思われる。

いま窪寺には、一遍止住《しじゅう》の閑室が再現されている。小川の流れ出す小さな谷間の一角にお堂のような建物がつくられているが、近くに民家もあり往時の閑居を想像する

※頌…仏教の真理を詩の形で述べたもの。

ことは難しい。しかし、再出家を思い立った時、例えば叡山を目指したり、南都の学者を訪ねるのではなく、恐らく自らが所領する何もない山間に隠棲する独立独歩な歩みは、その地を訪れた私にも十分伝わって来たのであった。

（上田）

岩屋寺

大きな自然や、霊場、神域に惹かれる気持ちはどこから来るのだろうか。神々や修験者たちの気配とまでは行かなくとも、その足跡のようなものに神秘な霊力を期待するからなのだろうか。それとも日常にはない時の流れを感じたくてそうした地に引き寄せられるのだろうか。奇岩の聳《そび》える霊地。岩山にいつ誰が穿《うが》ったとも知れぬ洞窟。高い岩棚によじ登るために架けられた大きな梯子。『聖絵《ひじりえ》』に描かれた風景さながらの幽谷の底から岩の塔を見上げ、私はふとそんなことを考えてしまった。

岩屋寺。一遍が窪寺の閑居を捨てた後、半年余り参籠《さんろう》した山寺である。西行が勧進聖《ひじり》を名乗るために大峰奥駈《おくがけ》修行を果たしたように、後半生を遊行聖《ゆぎょうひじり》として生きた一遍も、聖として旅に出る前に山岳修行を果たすことは、当時の通過儀礼としても必要なことだったはずである。巷《ちまた》に生きる聖としての人生を歩き出そうとするためには、当時の慣例に従い苦行難行の経歴を有することが不可欠の要件であった。だから、一遍の岩屋寺参籠をそうした動機で解釈することは故なきこととは言えまい。僧位階級によらない俗聖《ぞくひじり》の世界では、そういう外向きの経歴も必要だったとは想像するに難くない。だから、一遍にしても、聖の資格を有するために山居木喰《もくじき》の経験を敢えて踏んだと言うこともできる。しかし、一遍にとってたとえそれが慣例に従った修養の年月だったとしても、その後の不帰放浪の旅に比べれば、心穏やかな思索の時間を提供したにすぎなかっただろう。むしろ、そうした外面的必要とは別に、一遍はこの深山幽谷の地に未だ答えの見つからない己の問題を抱えてやってきた。つまり、この離俗の作法も、一遍にとってはその後も続けられる探求の一つに過ぎなかったのではないか。

ここは五障三従《ごしょうさんしょう》と言われる女の身をかこつ仙人が観音菩薩に祈願した場所とされ、また弘法大師練行《れんぎょう》の古跡であり、大師御作と伝えられる不動明王が祀られる四国巡礼四五番札所でもある。そもそもこの寺は、同じ菅生の地にある四四番札所大宝寺の奥の院と考えられていたが、『聖絵《ひじりえ》』の伝えるところによれば、仏法伝来以前の昔、この山に分け入った狩人が、朽木《きゅうぼく》の中に発見した観音像を、手にしていた弓を梁《はり》、着ていた菅蓑《すげみの》を屋根にして安置したことが起源とされている。数年の後、この狩人がまた訪ねてみると、光り輝く観音の周りに菅蓑の菅が芽を吹いて茂っていたというので、そこにお堂を建て菅生寺と名付けたのだという。こうした寺伝の真偽を私たちは今日のような事実か虚構かというだけの尺度で測ってはなるまい。

かつて人々は、物事の価値をそれが事実か否かという尺度だけで測ってはいなかった。疑う力よりも信じる力の方が強かった近代以前の人々は、夢告や幻覚によってもたらされた言葉を信じて心の拠り所としてきた。だからいつ誰が言い伝えたとも知れぬ伝承を守り伝え、神仏の来臨を祈願することにより新たな伝説を生み出していったのである。一遍が敢えてこの霊山岩窟を選んで観音菩薩や不動明王、そして弘法大師の夢告を得ようとしたのも、本質的にはそうした霊的交感を求めるためだったのである。後に語られるように、一遍は寺院のみならず、各地の神社を訪ねてその土地の地霊に祈願して止まなかった。一遍の信仰には疑いようもなく、地霊崇拝的な要素が色濃く残っている。

今日のように、自然は気象学や地震学、あるいは天文学によって、病は医学や化学によって、心は精神病理学や心理学によってと、それぞれ科学的な分析の方法が確立した時代にあっては、生体験の驚異はあらゆる外的知識に引き取られて行き、私たち個人が直面した体験そのものと向き合うことは殆どなくなっている。嵐が心配になればテレビを点ける。病気になれば医者に行く。悩み事があればカウンセリングを受けに行くと、人生の問題はもう既に全て解決済みで、私たちが為すべきことは正しい場所に答えを探しに行くだけである。ところが、こんな便利な時代になったのは、つい最近のことなのだ。嘗て人間はそんな風に生きてはいなかった。人は皆それぞれ自分の頭で考え、選び、理解したのである。

一遍が岩屋寺を訪れたのは、勿論雨乞いするためや、病の原因を知るためではなかった。彼がこの地を訪れたのは、他でもない自分の心や人生と向き合うためであった。私たちなら鬱病を疑って精神科に行くことだろう。しかし、一遍の時代にはそういう便利な相談所はなかったわけである。そのため彼は岩山に向かった。嘗て弘法大師もこの地で、仏の智恵を授かったという。その霊験《れいげん》に預かろうとやって来たのである。文永十年の夏から翌年の春までの半年間、一遍はこの地に参籠《さんろう》して人生の行く末を決した。聖戒《しょうかい》によれば一遍はここで「ながく舎宅田園をなげすて、恩愛眷属《けんぞく》をはなれる」決意を固めたのだという。これこそが考えるということであり、人生と向き合うということなのではあるまいか。

（上田）

四天王寺

一遍は記録から確認できる限りでは、四天王寺に三度ほど訪れている。賦算《ふさん》を始めたのもこの寺の極楽門からであった。四天王寺西門の額には「釈迦如来転法輪処当極楽土東門中心」と書かれ、そこは西方にある浄土の東門と接する場所であり、釈迦如来が人々に法を説く場所だと考えられていた。真西に向う寺の門が広大無辺な西方浄土の東門だとは実にうまいことを考えたものだ。また、この場所は、能の「弱法師《よろぼし》」などに出てくる日想観《にっそうかん》を修する場所であり、彼岸《ひがん》の中日に、真西に沈む夕日を拝んで浄土への往

生を願ったのである。「弱法師」の俊徳丸《しゅんとくまる》は失明して夕日を拝むことが出来ないが、日想観とは心の目で日を拝むことだから、自分にも夕映えの難波の海が目に浮かぶと語る。そもそも、日想観とは俊徳丸が言うように、心の目に焼き付けた日輪や仏や浄土の姿を眼の裏に感じることで、浄土に生まれるための方法と考えられていたのである。また落語の「天王寺詣り」で面白おかしく語られている引導鐘のご利益《りやく》で回向《えこう》するため、今でも多くの人々がこの地を訪れる。四天王寺の引導鐘は十万億土の彼方まで響くとされ、死んだ肉親の供養のために鐘を衝くのである。古くは西門の前に棺桶を置いて引導鐘を三遍衝くと、門の脇にある聖徳太子引導石に太子の御影が写り、死者の霊を浄土に導いてもらえると信じられていた。いずれにしても、この寺は庶民にとっては浄土への入り口と考えられていたのである。

四天王寺は言うまでもなく、聖徳太子創建の日本最古の官寺である。その寺が南都に見られる学問所としての寺ではなく、庶民救済の寺であったことの意味は大きい。もとは悲田院や救護院、施薬院などが置かれ、貧民救済の拠点として救いを求める人々が身を寄せる場所となっていた。一遍がこの寺から賦算、つまりお札配りを始めたのも偶然ではあるまい。『聖絵《ひじりえ》』には二重に廻らされた回廊と外側の築地とで囲まれた堂宇《どうう》の威容が描かれている。その築地の外側には、病人や乞食が家を兼ねた土車《つちぐるま》を並べ、門の脇には筵《むしろ》を敷いて参詣《さんけい》者の喜捨を請うている。その日初めて一遍が配り始めた念仏札を、人々はどんな思いで受け取ったのだろうか。胡散《うさん》臭い目で眺めるものもいたはずである。一遍の姿を見て御利益《ごりやく》を信じたもののもいるだろう。しかし、私たちならどうだろうか。

現代人の私たちが、もし『聖絵』の賦算《ふさん》の場面に出くわしたなら、怪しい新興宗教の布教者から札を受け取るものは少ないのではないか。もちろん、それには様々な理由がある。諸宗教に纏《まつ》わる金銭の問題や犯罪に接して宗教そのものに不信感を拭えなくなっていることもその理由の一つであろう。私たちが、ただ「南無阿弥陀仏決定《けつじょう》往生六十万人」と書かれた紙切れの霊験《れいげん》を信じられるほど人間が素朴に出来ていないからでもあろう。現代人が宗教そのものに関心がなくなっているとは思えないが、科学の目、宗教哲学の知識、堕落した寺社の現実と、どの方面から近づこうとしても、宗教活動の意義を積極的に見つけ出すことが、今日極めて難しくなっているのである。

紙切れでしかない念仏札。それを配る一遍の死に至るまで続けられた厳しい一所不住の半生。この二者の間にこそ私たちの社会が見失ってしまったものを取り戻す鍵がある。何かを信じている人間の現前《げんぜん》が、どんなに大きな意味を持つのかということを考えてみなければならないのである。私はしばしば寺や神社を訪れるとき、坊さんも神職もいなければ良いのにと思うことがある。たまたま、寺社の縁起などを尋ねて、全く自分の寺社の歴史に無知であることが判明したりすると、非常に残念に思うからだ。寺はあっても、社《やしろ》はあっても、人間がその神域を汚しているようで残念である。依法不依人《えほうふえにん》の教えに従おうとした一遍に対して恥ずかしいが、神域には人間が無用である場合が多い。一遍は淡路の二宮に詣でたとき、この神は祟《たた》る神であったが、「世の中が正しく、人が素直だった時に祀った神だから、霊験あらたかだ」と語っているが、神域には人間の心を捉える力がある。それを汚しているのは、人間なのだ。どこで作られたか知れたものではないお守りやお札でさえ、本当は現代を生きる私たちにも信じる力が残っている。どれだけ多くの日本人が、家族のため自分のために、お守りを買って帰ったか考えればそれは明らかである。だから、それを一遍のような聖僧から受けることができれば、それはただの土産物以上のものとなるはずである。この神仏と人との尊い応報を断ち切りさえしなければ、祈ることは誠に自然な行為なのだと理解できるはずである。

（上田）

高野山

伊勢から新宮に入った。そこで夕暮れになったので一泊した。新宮は何度かきているが、佐藤春夫や中上健次、大逆事件に巻き込まれた大石誠之助の生地だ。近くには徐福終焉《しゅうえん》の地という場所もある。

夜、一人で居酒屋で飲んでいると、熊野古道を歩いているという年配者と出会い、その話で意気投合しつい飲みすぎてしまった。次の日の昼から高野山に向かったが、春先で山々が息吹き、やわらかな雰囲気を醸し出していた。

誰もいない山道を走っていると、目の前に鹿が出てきて道路をゆっくりと渡っていた。いい季節になってきたから、鹿も喜んでいるのだなと勝手に思い込んで、旅する喜びを感じていると、山あいの平坦な土地についた。そこが高野山だった。

高野山は和歌山県伊都郡高野町にある山々の総称で、今来峰《きんらいほう》・宝珠峰《ほうじゅほう》・鉢伏山《はちぶせやま》・弁天岳・姑射山《こやさん》・転軸山《てんじくさん》・楊柳山《ようりゅうさん》・摩尼山《まにさん》と呼ばれる峰に囲まれた盆地状の土地だ。地形が蓮の花が咲いたように見え、仏教の聖地として八葉蓮台《はちょうれんだい》という大変にいい場所だと言われている。その中でも転軸山・楊柳山・摩尼山を高野三山といい、高野山という呼び名の山はない。

その地に平安時代の弘仁十年（八一九）に空海が修行の場として開いたのが、高野山真言宗。真言宗総本山金剛峯寺《ぶじ》をはじめ一一七寺があり、平成十六年（二〇〇四）七月七日にユネスコの世界遺産に登録された。

熊野の真ん中にあるのが高野山だが、古代から中世にかけて、この地の歴史を外して日本の歴史を語ることはできない。熊野一帯は鉱物の産出地だったのだ。中でも水銀が多く取れた。

水銀は今日では希少物質に匹敵するもので、大仏を造るときに銅に混ぜれば塗りがよくなるし、刀にまぶせば切れもいい。おしろいに混ぜれば肌ののりもよくなった。歌舞伎役者が伊勢おしろいを塗り、皮膚癌になったのもそのためだ。また古代中国においては仙薬ともされていた。つまり不老長寿の薬ともされ、秦の始皇帝の命によって、徐福が日本各地を歩き、新宮で亡くなったと伝説があるのもそのためだ。

古代から近年の日本は、その鉱物を求めて各地を移動している。陸奥や日光、秩父や伊豆、石見や佐渡、みな金銀や銅、近年では石炭など鉱物資源を求め歩いて日本人は移動している。

空海もその水銀の恩恵により、唐に勉学に行ったという言い伝えがある。彼が亡くなったのも水銀中毒が元だという説もある。わたしは門外漢であるので、書物によって知っただけだが、それが本当だとすれば、空海は宝の山の中心に寺院を建てたということになる。

彼の弟子や修験者たちが全国の山々や峡谷を歩き、鉱物や温泉を掘り当てたのだろうが、独鈷《どっこ》を持ちあちこちを歩く彼らの姿が見える。きっと鉱石を見る高度な目と技術が、当時の日本の発展を促したのだ。

たくさんある寺院や伽藍《がらん》や御堂は、その財力がもたらしたものではないのか。どんな組織でも運営するにはお金がかかる。お布施や寄進だけではやっていけない。なにも持たず、ただ極楽浄土を信じて遊行を重ねた一遍たちだって、生きるためにお札を配り、それを日々の生計の足しにした。

人間は苦悩したり、嘆き哀しんだりしても、食べていかなければならない。空腹に耐えることはなによりもつらい。それゆえに古来から多くの宗教で修行の一つになっている。

そして比叡山延暦寺では、千日回峰行《せんにちかいほうぎょう》のおりには、御堂で九日の間、断食・断水・断眠をし、真言を称え続ける厳しい修行がある。日本の宗教の中では最も荒行のはずだ。自分の肉体を痛め続け、それほどまで修行する宗教とはなんなのか。

ちなみに「出エジプト記」ではモーセは四〇日の断食をしたし、キリストも同じ日数を断食したことになっている。断食によって節約したお金は貧しい人々に寄与するのだ。念仏を唱え、踊り歩き人々を救おうとする一遍たちと同じだ。彼らの心の根底には、他者をおもうやさしさがある。それは空海と一遍の宗派の違いはあっても同根なのだ。

（佐藤）

熊野本宮

熊野は何度訪れても気持の良いところである。伊勢路から熊野川を遡ってきても、中辺路《なかへち》を通って山道をきても、なぜかほっと気持が楽になる。最近は世界遺産指定の影響なのかどうか、宮前の土産店が軒並み新しくなったが、一見なんと言うことのないこの場所にやってくると、心のどこか見えない隙間が満たされるように感じられる。それがどんな理由によるのであるか、深く考えたことはないし、個人的には恐らくこの地が一遍上人と深い縁のある場所だからであろうが、修験道や熊野信仰の聖地として遠い昔に

この地が選ばれたのも故なきことではあるまい。

長い石段を登って本殿に参拝し、大斎原《おおゆのはら》を目指す、伊弉諾尊《いざなぎのみこと》の荒御魂《あらみたま》を祀った産田《うぶた》社《しゃ》に立ち寄り、築かれた土手を左手に眺めながら鉄の大鳥居に向かって進んでゆく。この大鳥居はその新しさのせいであろうか違和感を禁じ得ないが、境内に入ると私は俄《にわか》に『聖絵《ひじりえ》』の一遍の姿が目に浮かび、この地を一遍も歩いたのだなという感慨がこみ上げてきた。

参道よりも一段高くなっているかつての社殿跡に上がると私は連れがいることも忘れて、勝手な想像を巡らして『聖絵』に描かれた熊野本宮の社殿と一遍の姿をそこに投影させる。初めて来たときには気づかなかったのであるが、一遍の足跡を印した板碑の前で手を合わせ、しばし茫然とする。訳もなく心が軽やかになり、私は愚かしくも、ここでキャッチボールでもしたらさぞかし気持ちいいだろうなと、馬鹿なことを考えてしまった。帰り道土手を越えて熊野川の流れを確かめ、川を渡ってこの中州の社を訪れた往時を思い恨めしく思う。

一遍は妻と子と考えられる超一、超二を連れて熊野を目指していたとき、熊野権現とされる修行僧と出会い、賦算《ふさん》の札を拒絶される。このことに心を悩ませながら本宮に参籠《さんろう》した一遍に、熊野権現は「信不信をえらばず、浄不浄をきらわず、その札をくばるべし」との言葉を与える。これが後に言う熊野成道《じょうどう》であるが、この出来事は一遍に深い道理を授けたとされているのであるが、その後一遍がとった我々の知る行動は、妻子を里に帰して孤独の旅をえらんだということである。

そもそも一遍が妻子を連れて旅に出た理由が何であったのか、私たちには分からない。確かなことは、熊野権現の言葉が一遍に妻子を捨てさせ、ここに初めて後世の人々が「捨聖《すてひじり》」と呼ぶことになる一遍の生き方が定まったということである。

近年日本の宗教界では、日本本来の信仰の姿として神仏習合を見直す機運が高まっている。だが中世以降神仏習合の信仰は、宗教史的には鎌倉新仏教の隆盛によって下部構造へと陥没してゆき、一遍の時代は、むしろ親鸞や道元や日蓮などがそれぞれ独自の教義を立てて、それぞれの宗派の独自性を主張し始めていた時代であった。ところが、そういった教義による信仰の差別をむしろ大胆に乗り越え、「神仏」という切り離しがたい我々の宗教感情に立脚した一遍は、その同じ大胆さでもって、妻子をともなった布教の旅を試みるが、この試みだけは権現の垂訓によって改められることになったのである。

観念の上で捨てることと、現実に離別することはまるで違っている。悟りの境地から見れば、この世を極楽と観ずることができるなどという道理があるが、それはただの観念である。衆生《しゅじょう》救済の旅に出た一遍の慈悲心は、わが妻子もまた同じ慈悲心で眺められると思ったのかも知れない。しかし、無心になりきり念仏と一体になるには、ほんの僅かな心の弱さをさえ克服せずには済まなかったのかもしれない。恐らく、一遍はこの熊野への道程で、そういうところまで追い詰められ、逃げ道を断たれていったということなのではなかろうか。

（上田）

鹿児島神宮

「記紀」では神宮と呼ばれているのは、伊勢神宮と石上《いそのかみ》神宮だけだ。それが平安時代の「延喜式神名帳《みょうちょう》」には石上神宮が消えて、伊勢神宮と鹿島神宮、香取神宮の三宮になっている。石上は物部氏の祖神を祀り、鹿島、香取は藤原氏と関わりがある。

そこから見えてくるのは政治権力が代わったということだが、江戸時代末期までその三宮がずっと神宮だった。それが維新後、薩長が天下を獲り、明治、大正には霧島神宮や宇佐神宮など、全国に十七宮、昭和に入っても近江、赤

間神宮など九宮もできた。台湾、朝鮮神宮など廃社になったのもある。

神社の歴史を探っていくと、日本の歩んだ道が見えてくるが、一遍が訪ねた「大隅正八幡」は、今日の鹿児島神宮であるが、「延喜式神名帳《みょうちょう》」によれば鹿児島神社である。別名「大隅正八幡」と呼ばれるようになったのは、後に八幡神を合祀してからだ。「一遍上人絵伝」ではなだらかな山々が繋がり、檜皮葺きの本殿の前には、狛犬《こまいぬ》が存在している。そこから少し離れた御堂で、一遍が南無阿弥陀仏と念仏を称えている。改めて神仏習合の時代だったなとわからせてくれる。

そしてその鹿児島という地名は、桜島の古名、あるいは「カゴ」は崖、古代朝鮮語の火山の意味を表す「カグ」からきているとされ、今日ではどれからきたのか判然としないが、その謂《いわ》れを書き連ねてみると、なんとなく鹿児島という言葉の意味が浮かび上がってくる。

一遍の時代からすでに鹿児島と呼ばれているのだから、その歴史は古く、当地が古代から拓《ひら》けていたことがわかる。主祭神は天津日高彦穂々出見尊《あまつひだかひこほほでみのみこと》と豊玉比売命《とよたまひめのみこと》。山幸彦と乙姫の竜宮城伝説の神たちだ。

社伝によると、神武天皇が大和に東遷するにあたって、祖父の天津日高彦穂々出見尊とその妃の豊玉比売命を祀ったとある。そして八幡宮ではあるが宇佐神宮とは祭神は異なる。

天承二年（一一三二）に本殿近くから石神が出現し、そこに「八幡」の二文字が読み取られたことにより、正統の八幡宮として宇佐よりも古いと主張するようになったらしい。だが神宮寺は弥勒院《みろくいん》といい、宇佐神宮寺と同名である。明治七年（一八七四）に神宮寺となり、次いで官幣大社となった。

旧国分郡宮内にあり国分八幡とも呼ばれていた。また五所別宮《べつぐう》、正八幡宮、あるいは正宮、大隅国正八幡宮とも呼ばれていた時期があるが、大隅国一宮で正八幡《しょうはちまん》宮の名は平安時代に記録されているので、神社の歴史そのものは古いようだ。

竜宮城から還ってきた山幸彦を追って、乙姫がやってきたということになるが、その「乙」という文字は、元来、姉の姫（兄姫・えひめ）に対する妹の姫（弟姫・おとひめ）を指す呼称で、年若い、幼いという意味合いを持つ。つまり乙姫はまだ若い女性だということになる。

その乙姫が住む竜宮城は海底にあり、山幸彦が住む陸は異界である。そこを訪れた山幸彦は乙姫と恋仲になるが、結局は別れて陸の地に還る。海神は竜神であり、人間界に行けば蛇身にならなければいけない。

だが生み落して竜宮城に戻る。生まれたのが鵜葺草不合命《うがやふきあえずのみこと》だ。当時の女性はこどもを産むときに、鳥の羽ややわらかい砂を撒いて、頭を傷つけないように産んだ。鵜葺草不合命の文字からその段取りもできず、早く産気づいたのかもしれない。

神話では彼のこどもが神武天皇ということになる。神社は大きく、聖絵《ひじりえ》とはずいぶんと違うが、明治以降の天皇神格化の影響で整備されたようだ。

ちょうどわたしが行ったときには粉糠雨《こぬかあめ》が降っていた。濡れてもなんともなかったが、小一時間ばかり散策する間ずっと降り続けていた。その細かい雨が子を置いて竜宮城に戻った乙姫の涙のような気がした。

神話の中には様々に暗示させられるものがあるが、どんな理由があれ、家族が離れ離れに生きるのは哀しい。日本で最初の別居生活ではないか。

霧のような雨の中で彼らのことを想像したが、穿《うが》った見方のような気がして、乙姫に申し訳ない気分になった。

（佐藤）

備前福岡の市

九州を乞食同然のありさまで巡った後、真教ら最初の同行者を伴って、一遍は一旦四国へ渡り、次いで厳島《いつくしま》を経て備前に入った。念仏を勧めながら吉備津神社の神主藤井氏の屋敷で法を説く機会を得たが、神主の息子の妻が一遍の教えを聴聞して俄《にわか》に道心を起こした。『聖絵《ひじりえ》』にはまず一遍がかの妻女の頭に剃刀《かみそり》を当てている場面が描かれている。やがて夫が帰宅すると、尼僧姿の妻は「尊い捨て聖の教えを聞き、夢のように儚《はかな》いこの世に、徒《あだ》な身を飾ってもやがて尽きる命と悟り出家致しました」と告げるのだった。『聖絵』が「無悪不造＝造らざる悪とて無き」者と言った夫と妻の関係については知る由もない。夫に断りもせず髪を下ろさねばならないどんな理由が妻にあったのか分からない。しかし、妻は既に髪を下ろしてしまっている。驚き、怒り心頭に発した夫は従者を引き連れて馬で一遍らを追いかけるのである。

場面は変わり、福岡の市で一遍に追いつき、鞍上から駆け下りた男が、大太刀の柄に手をかけて今まさに切り掛かろうとしている。この福岡庄は、吉井川沿いに古くから市の立つ場所で、現在も旧跡や古い町並みの残った落着いた田園の集落である。大きな河岸堤の際《きわ》に広がる町の歴史には、一五九一年に吉井川の氾濫で甚大な被害を受けたことなどが記されている。

時に災いを及ぼす吉井川は、しかし『聖絵』にも描かれているように、様々な物資を市に運び込む交通の要路であった。更に、福岡は近在の多田羅場から豊富な真金＝鉄が齎《もたら》され、刀鍛冶の名工が集まるところとしても知られていた。吉備津神社は言うまでもなくこの地方随一の大社である。吉備津彦命《きびつひこのみこと》による温羅《うら》＝鬼退治＝桃太郎伝説はよく知られているが、温羅は製鉄技術を有する渡来人の頭目と考えられ、温羅を退治した彦五十狭芹彦命《ひこいさせりびこのみこと》は、吉備地方の支配者であった温羅を倒して、吉備津彦を名乗ったのである。

尼になった女の夫はこの吉備津彦命を主祭神とする吉備津神社の跡取りであった。

『聖絵《ひじりえ》』はこの男を「無悪不造」と断じているが、悪逆非道をものともしない男が、一遍の一言で「忽《たちまち》に瞋恚《しんに》やみ害心うせた」とする場面を、金井清光は『聖絵』があとに善導和尚の同様の伝説を引用しているところから、これは一遍神格化の改作神話だと述べている。善導和尚の伝説とは、和尚の説教を聞いて人々が肉食をやめたことを恨み、和尚を殺そうとする屠殺者がいた。和尚はそのことを見抜いて、自分の掌に極楽の様子を映し出して見せると、屠殺者は忽ちに改心し、仏法に帰依《きえ》したという話である。金井のこの解釈は誠に合理的で納得させられるが、その場にいたはずの真教の立場から描かれた『縁起絵』でも、一遍の重要なエピソードとしてこの場面が採用されていることから、これをその通りの事実として受け止めることも出来るはずである。死生を彷徨《さまよ》ったと言ってもよい九州遊行のあと、一遍はこの世のものならぬ何かを身に帯していたのではなかろうか。

私はふと東山の六波羅蜜寺で空也上人立像を拝観した時のことを思い出す。四尺程の小像で半眼に開いた眼と、恍惚として念仏を唱える口もとなど、まさに生き身の仏を思わせるようなその姿に私は言葉を失った。空也上人はこの姿そのまま四尺あまりの小さな体で、京中の死者を弔っていたのではないかという思いがどんどん体中から込み上げてきて、この勝手な思いつきを捨て去ることが出来なかった。
私たちは、滅多に人を感動させる尊様《そんよう》というものを拝することがない。だから、この福岡でのエピソードに脚色を見ようと考えてしまうのであるが、太刀を振り上げることができないような人間の姿というものがあるのではないか。私は福岡の市に描かれた一遍の姿をそう理解した。『聖絵』をよく見ると一遍はかすかに微笑んでいるように見える。その後、剃髪を願い出た男の頭に剃刀《かみそり》を入れている場面でも、一遍は微笑んでいる。『聖絵』は「身の毛もよだちたふとくおぼえけるほどに、即ち本鳥をきりて、聖を知識として出家をとげにけり」と書いている。「身の毛もよだちたふとくおぼえる」というのは、無論身の毛がよだつほどに恐ろしかったのではない。さっと身の熱を吸い取られて釘付けになるような尊い姿にふれたことを表している。だから、私はこの福岡の場面では、人は一遍の微笑みをこそ見なければならないのだと思うのである。

（上田）

因幡堂

因幡堂は京都市下京区の市街にある小さなお堂である。いつ頃からの因縁によるものかわからないが、芸能との繋がりが深く、狂言「因幡堂」「鬼瓦」などの舞台となっている。或は、能狂言と時宗との関係から、一遍の事蹟を通して芸能民との関係が成立していったのかもしれない。

一遍は『聖絵《ひじりえ》』によれば因幡堂を二度訪れている。一度目は九州遊行の後、最初の弟子である他阿＝真教ら時衆を伴って旅をするようになって間もない頃、二度目は踊り念仏で大いに人気を博して入京した折である。一度目は怪

しい俗聖《ぞくひじり》の一行と思われ、初めは内陣に入れてもらえなかった。二度目は踊り念仏の一遍として京中にその名が知れ渡った賓客として迎えられたのであろう。

何れにせよ、一遍が京の数ある寺の中でも何故このお堂を選んで身を寄せたのか考えてみる必要がある。このお堂は現在真言宗に帰入しているが、一遍の時代には薬師信仰の町堂であった。一遍は師聖達との縁をたどれば法然ゆかりの寺を訪ねることも出来たであろうと思われるが、一遍の歩みは殊更に既存諸宗派の寺院を避けて通っている。宗派の意識が次第に芽生え始めていた時代に、多数の弟子を引き連れて他宗寺に寄留することが難しかったのかもしれないが、一遍の逗留地は、概して民間信仰の拠点であることが多い。

因幡堂の薬師如来は善光寺の阿弥陀如来、京都嵯峨野清涼寺の釈迦如来とともに、三国伝来の仏と信じられており、それもまた一遍がその地を選んだ理由なのであろうか。弘安二年の春から八月まで因幡堂にとどまっているが、非常に長い間寄宿していたことになる。因幡堂に入る前、『聖絵』は弘安元年の冬に備前藤井というところで、吉備津神社の神主の妻を帰依《きえ》させたとあり、『聖絵』には新緑の柳の樹が描かれているから、二月か三月には因幡堂に入り、半年近く滞在したことになる。一遍は遊行《ゆぎょう》聖《ひじり》とは言うものの、絶え間なく歩き続けていたわけではない。逗留地がみつかると、少なくとも数週間は腰を落ち着けることが普通だった。いずれにせよ、因幡堂は一遍にとって特別な意味のある場所であり、『聖絵《ひじりえ》』によれば、仏の夢告により賓客として内陣に招じ入れられてからは、京都市中では数少ない気兼ねなく身を落ち着けることのできる場所を得ることができたのである。

寺縁によると因幡堂の薬師像は平安中期に橘行平という人が海中より引き上げた仏像であるという。研究者のなかには、国司として因幡の国に赴いた橘行平が当地の豪族である因幡氏を滅ぼした際に、因幡氏の守り本尊であった薬師如来像を持ち帰り、殺害した因幡氏一族の怨霊を鎮めようとして祀ったのではないかとの解釈もある。薬師如来は、日本においては非常に土着的な信仰との関係が深い仏であるとの指摘もある。薬師信仰は単に病気平癒を祈る仏であるばかりではなく、祖霊信仰や竜宮＝常世《とこよ》信仰とも繋がりを持ち、仏教伝来以前の日本人の信仰を象《かたど》って発達したと考えられている。異界から流れ着く神々への信仰として、また、修験者が病の元である汚れを祓《はら》う行の本尊として祀った神が薬師如来であったというのも興味深い。薬師如来をそのような出自のもとに理解するとき、一遍が因幡堂に赴いたのは、単に身を寄せる場が他になかったからという見方は消え、古い土着の信仰を受け継ぐ神に祈った一遍の考えが見えるような気がする。

『聖絵』を順にたどってゆき因幡堂の場面に来ると、誰もが大きなショックを受ける。縁側や、縁下に筵《むしろ》を懸けて臥《ふ》している衰弱しきった病人の痛々しい姿が描かれているのである。病人たちは、薬師如来のご利益《りやく》を頼って身を寄せたのであろう。そうした切実な願いを受け止める仏が薬師如来であり、一遍もそうした人々の切実な祈りの捧げられる神仏に祈ったのだと思われる。

（上田）

小田切の里

小田切の里は、現在の長野県佐久市臼田にある小田切の辺りだとされている。ここは踊り念仏が一遍ら時衆一代の行儀となった記念すべき場所と言える。小田切は一遍の叔父にあたる河野通末《みちすえ》が流された場所であり、『聖絵《ひじりえ》』の踊り念仏開始の場面にも武家の庭内に、墓と見られる盛り土が描かれている。二度目の善光寺参詣《さんけい》を経たこのたびの北帰行は、承久の乱で流罪にされた叔父通末と、同じく江刺にある祖父通信《みちのぶ》の配流《はいる》の地への墓参鎮魂と結びついている。

踊り念仏の始業の模様を『聖絵』は、小田切に近い伴野での紫雲遥拝の図、大井太郎という武士の家での踊り念仏の図と合わせて三場面で描いている。研究者はそれらの場所や訪問の順序などについて議論を重ねているが、ここでは『聖絵』に従い、小田切の里で踊り念仏が始められたものと考えておきたい。

踊り念仏は言うまでもなく一遍の布教法の一大特徴である。一遍は踊り念仏は空也上人が市屋道場で始めたものと考えていたようであるが、そうしたルーツも後の一遍ら時衆による熱狂的流行がなければ意味をなすまい。しかし、この踊り念仏は、誰かの発案で始められたのではなく、『聖絵』によれば自然発生的に始められたものが採用されたというのである。奥州巡錫《じゅんしゃく》※をへて鎌倉に入ろうとしたとき、一遍はこの踊り念仏による化益《けやく》※の是非を確かめようとしたと語っているが、踊りはその意味を知るより前に始められたのである。

踊り念仏の布教効果は即座に表れた。大井太郎という武士の屋敷で三日三晩踊り明かし、数百人が加わって屋敷の縁側を踏み抜いた後の光景が『聖絵』に描かれている。踊り念仏の熱狂は想像を遥かに超えていた。後に藤沢の片瀬の浜や関寺、京都市中などの踊りの場面が示すように、踊躍《ようやく》歓喜して踊る念仏の行儀は、貴賤を問わず人々の

※巡錫…僧が各地を巡って教えを広めること。
※化益…教えさとし仏道に導き利益《りやく》を与えること。

心を掴み踊らせた。『聖絵《ひじりえ》』は踊りながら念仏することを咎めた比叡山東塔の僧と一遍の問答歌を載せているが、一遍の返歌には寸分の迷いもない。

はねばはねをどらばをどれはるこまののりのみちをばしる人ぞしる

(跳ねたければ跳ねるがよい。踊りたければ踊るのがよいのだ。春駒のように。仏の道を知る人には、その気持ちが分かるはずだから。)

ともはねよかくてもをどれこころこまみだのみのりときくぞうれしき

(とにもかくにも跳ねて踊れ心の駒よ。弥陀の法を聞く嬉しさを踊りであらわして)

一遍が踊りという行法《ぎょうぼう》を取り入れたのは、踊りが人々の心を掴むことを知ったからである。一遍は始めから難しい教説なしで阿弥陀仏に人々を結縁《けちえん》させようとしていたのであるが、謀らずも、踊りほど人々の心に響く言葉がないことを知ったのである。それはまた、同時に一遍が日々の生活に追われる人々の心に直接触れる機会ともなったのである。庶民の心がどういうものか、踊りはそれを教えてくれた。京都化益《けやく》の折、一遍は自分が俗っぽい聖の姿をしているのは、在家の人々がそのほうが親しみ易いからであるというようなことを語っている。修行者ならぬ世俗の人々の心に訴えるには、世俗の人々の心に寄り添わなければならない。そういうことを一遍はこの踊り念仏を通して知ったものと思われる。

一遍は始めから、口称念仏という易行を選び、賦算《ふさん》という簡易な方法で布教活動を始めたのであるが、この踊り念仏によって更に在家の人々の心理を間近に感じ取れたのであった。但し、踊り念仏の意味は、始められた当初から最期の地兵庫の島に至るまで、一貫していたと言えるだろうか。私は踊り念仏は一遍を一気に在家の人々に近づけたことは疑いないが、一方で一遍は踊り念仏をすぐさま布教の道具であることから救い取ろうとし始めたのではないかと思えてならない。

踊り念仏の行儀は回を重ねるに従って、踊り屋が整えられるなど洗練し、見世物的な色彩を色濃くしていったようでありながら、一方では片瀬の浜の踊り念仏のように連日続けられる踊りの後で何人もの死者がでるような、行者にとっては過酷なものになっていった。これは一遍の信仰の重要な二面性であって、一面においては他の如何なる宗旨よりも俗受けする流儀を採用しながら、その一方では弥陀救済の易行を根本的に否定するような内的な厳しさが併存していたのである。私はこの二律背反したような一遍の信仰の姿が好きだし、この秘められた葛藤の姿に強く惹きつけられるのである。

（上田）

下野《しもつけ》小野寺

『聖絵《ひじりえ》』の流れに従えば、佐久の小田切の里で踊り念仏を始めた一遍らは、奥州街道を目指して下野の国に入り、小野寺に逗留することになる。『時宗年表』では佐久伴野で歳末別時念仏を行った後、翌年の春に熊野に詣でていることになっているから、この間一年の空白がある。『聖絵』の詞書《ことばがき》でも佐久伴野の歳末別時念仏が弘安二年の年末で、善光寺から奥州に向かったのが弘安三年と書かれているのであるが、小野寺、白川の関、奥州江刺と辿る『聖絵』は桜の咲く春、紅葉の秋、雪景色の冬と時を追って描

かれているので、やはり伴野《ともの》から江刺までの奥州街道北上に一年を要していることになる。だから、『時宗年表』の言うように、伴野の後、一度熊野に戻ってから、再度善光寺に詣で、その脚で奥州に向かったのだと言うこともできるが、その真否をわれわれは確かめようもない。いずれにせよ、一遍らは弘安三年の春に下野《しもつけ》の小野寺を通り、聖絵《ひじりえ》が描いているように急な雨に追い立てられ、とある板葺きの粗末な小屋に駆け込んだのである。

この小屋は遠景に立派な回廊を巡らせた寺が描かれており、楼閣もあるので、寺の一部なのであろうか。その場所は現在、栃木県下都賀郡岩舟町大字小野寺にある住林寺とされている。寺の由緒書を見ると、住林寺はこの地の領主である小野寺道綱によって浄土宗の寺として護持されてきた。後に一遍上人東国巡礼のおり、当時の領主である小野寺通業《みちなり》が上人を招いて七日間の供養をしたことから時宗の寺となったと書かれている。

住林寺を訪れてみると、山を背後に質素な佇まいのいかにも時宗らしい造りの寺である。高い境内から眺めると視線の先には東北自動車道が見える。この場所自体は静かな農村といって良いところであるが、目の前の高速道路は、この場所がかつて交通の要衝だったのだということを想い起こさせる。一遍の歩いた場所を辿るとよく分かるのだが、中世の旅人が歩いた街道は、現在も交通の要路であることが多く、そこはやはり鉄道や高速道路の好立地なのであろう。一遍の訪問地自体は非常に寂しいところが多いのであるが、この住林寺のように、山村や農村と自動車道とのアンバランスな取り合わせを目にするのは、古代からの道筋が現在でも生きている証左と言える。ところで、一遍はこの寺で雨を厭《いと》い慌ただしく滴を払っている尼たちの様子を眺めながらこんな歌を詠んでいる。

ふればぬれぬるればかはく袖のうへを
あめとていとふ人ぞはかなき

自然に身を任せて生きる一遍の目には、尼たちの慌てようが、いかにも儚《はかな》く頼りなく感じられたのであろうか。それにしても男女入り乱れた集団を、この歌はいかにも冷ややかな目で眺めている一遍の孤高の眼差しが浮かぶようである。一旦は伴いゆこうとした妻子さえ捨てた一遍にとって、尼僧を伴っての旅は重荷ではなかったか。実際、悪党に尼が襲われそうになったり、『天狗草子』に描かれているように、猥雑な関係が取りざたされたりと気苦労が多かったはずである。十二香箱を僧尼の間に並べて寝食の秩序を保っていたことが知られているが、それでも男女入り混じっての旅は、何かと事件に事欠かなかったであろう。『聖絵《ひじりえ》』は小野寺の段にもう一首こんな歌も添えている。

あるとき、時衆のあま瞋恚《しんに》をおこしたりけるに、

くもとなるけぶりなたてそあまのはら
つきはをのれとかすむものかは

雲となる諍《いさか》いの煙を立てるようなことはしなさるな、尼《あま》たちよ。天《あま》の月が自ずから

霞むことなどないのだから。次第に賑やかになってゆく旅の道連れを眺める一遍の心は、彼らよりだいぶ前を、もっと穏やかで安定した道を歩いていたに違いない。不機嫌になったり、喧嘩をしたりという騒擾《そうじょう》からはほど遠かっただろう。しかし、遊行の旅はまだ始まったばかりといって良く、それから二年後の弘安五年春に鎌倉入りを企て、その結果によって念仏勧進の可否を決めようとしたことを考えれば、小野寺の一遍に迷いがなかったとは言えまい。旅に出てから五年余り、命の尽きる正応二年までは十年ほどが残されている。北国の凍てついた土を踏みしめながら一遍はまだ生きることも信じることもその意味を探し続けていたのではなかろうか。

（上田）

関の明神

一遍は白河の関には江刺に向かう途中で立ち寄っている。白河の関は古代大和朝廷の勢力と蝦夷との境目として置かれた防塁の一つであった。『聖絵《ひじりえ》』には何人もの旅人の姿が描かれている。現在の白河神社とよく似た地形の丘の上に関の明神が祀られていて、一遍は小さな祠《ほこら》に真剣に手を合わせている。街道に面した場所に小屋が一つあって、弓や刀を立てかけて二人の武士が往来を見張っているように見える。中世以降この関は廃れてしまったということであるから、『聖絵』に描かれた姿はその役割を終える

直前の様子だと言えよう。

白河の関を越えるといよいよ異境の地といった感慨があったのではなかろうか。一遍は関の明神の宝殿の柱に次のような歌を書いたとされている。

ゆく人を弥陀のちかひにもらさじと
名をこそとむれしら川の関

これは歌と言うよりも、堅い誓いの言葉である。阿弥陀仏の名を記して、ここを通る人々が一人も弥陀の救いから漏れないようにするのだ。我々から見れば迷信以外の何ものでもないが、記された南無阿弥陀仏の名号《みょうごう》が呪文のように作用して道行く人を極楽浄土に導くと一遍は信じていたのである。我々には信じられなくとも一遍は信じていた。

では、なぜ一遍はそれを信じられたのだろうか。いやその前になぜ一遍は一度還俗《げんぞく》しながら再出家して阿弥陀仏の教えに再び導かれたのだろうか。私は一遍の足跡を辿りながらしばしばこの苦しい疑念にとりつかれた。そして同時にこの疑いは、一遍の信仰を理解できない私がなぜ彼の人生を辿ろうとしているのかという、もっと身近で自責の念を伴う疑念となって私を悩ませた。この疑念は容易に解けそうもない。しかし、私は考えた。私はなぜ彼に惹かれたのか分からないまま、もうかなり長い間一遍という人間の言葉を探ってきた。かつて青年時代にアランを学び始めた時もそうだったが、考えてみれば私たちはそのものが何であるのか知る前に選び、学び始めるのが本来学びの順序なのではないか。長い時間をかけて学んでゆく間にだんだんとその意味が分かってくる。初めに確信があるのではなく、確信は次第しだいに育ってゆくものなのである。ならば、一遍とても弥陀誓願の救いを微塵の疑いもなく初めから確信していたのではあるまい。一遍の迷い多き人生がそれを物語ってはいないだろうか。二十五才での還俗《げんぞく》、再出家、妻子を伴っての旅立ち、妻子との別離、孤独な九州遊行、時衆の組織、そして組織解体を考えた鎌倉での逡巡。そういった曲折を経ながら一歩一歩歩みを進める中で、一遍の阿弥陀信仰は揺るぎない形に結晶していったのではなかろうか。

私は関の明神での歌が、単に呪文刻印として宝殿の柱に刻みつけられたのではなく、漸く一遍の内面に育ちつつあった思想の一つの表明ではなかったかと思うのである。これは確かに私の勝手な思いつきであるが、『聖絵《ひじりえ》』もまたその間の旅の模様を次のように描いている。

善光寺から奥州に向かう旅を重ねる間、美しい風景に出会うこともたびたびあった。大きな月が草原の夜露の上に現れ、また遠い地の果ての灌木に月がかかって見えることも、また朝日が海岸の松の間から出て、夕刻大海原に解けてゆく光景も目の当たりにした。道々漁師や行商人と同行することになり、見知らぬ間柄ながら人生を語り合い、鄙《ひな》びた村の、情を解するとも思われぬ老人が自ら仏縁を求めたこともあったと。

こういう、自然や人間との語らいを通して、一遍もまた自らの歩みを理解し始めたのだと言えば不遜になるだろうか。しかし、我々の人生にはこのようなアプローチの仕方しかないのではないか。始まってしまったことの意味を知ろうとする者だけが、やがて人生の意味を見つけるのではないか。私はそんなことを考えながら暗闇に沈みかけた関の明神を離れたのだった。

（上田）

陸奥江刺

『聖絵《ひじりえ》』では一遍は白河の関の後、遥か東北の奥州江刺にある祖父河野通信の墓を訪ねている。白河の関では樹々が真っ赤に紅葉していたから、江刺に着いた頃には、奥州はもう厳しい寒さを迎えていただろう。実際、帰り路常陸の国を戻る時、一遍らは一面雪景色の中を歩いている。墓前に手を合わせる時衆らは一遍も含めて二十一人、その内、尼が八人描かれている。大きな土饅頭が通信の墓で、一遍らは塚を廻って霊を慰めた。これより前、一遍は佐久郡伴野の河野通末の墓にも立ち寄っていた。通末は一遍には叔父に当たり、祖父通信同様承久の乱で後鳥羽上皇側に加担して失脚し、それぞれ配流《はいる》の地で虚しく命を終えていたのである。一遍らの遊行の北限を記すこの旅は、様々な意味を推測できるだろうが、無念の憶いを残して配所で果てた肉親の霊（御霊《みたま》）を弔うためだったと考えるのが自然であろう。

一遍は死期近き淡路巡遊のおり淡路二宮に立寄って、かつて祟《たた》りを為したという祭神に手を合わせた。『聖絵《ひじりえ》』は、そこで一遍が「出離生死をば、かかる神明に祈り申すべきなり」と語ったと記している。一遍の信仰の核心はこうした荒ぶる御霊への祈願に貫かれていると言って良いと思う。二祖遊行上人真教が将門の首塚を神田明神に祀ったことは有名な話である。将門は現代まで祟りが語られる正真正銘の祟神《すうじん》＝御霊である。更には、後の時宗が「隅田川」や「黒塚」に見られるような鎮魂をモチーフとする能楽と極めて深い関係を持つことや、言わば御霊鎮魂の物語である説経節「小栗判官」などの物語管理者であったことなどを考え合わせると、一遍のこの奥州巡錫《じゅんしゃく》の意味を、御霊鎮魂の旅と考えることに何の不都合もなさそうである。

私たちは、空海や親鸞、道元などの宗教哲学を学び、宗教哲学者たちの系譜を連ねて日本の仏教を理解しようと努めて来た。日本の仏教史はそのように解説されて来たし、それが全く無意味だったということはない。しかし、従来の仏教史に一遍という時宗の開祖を加えた途端、何か言うに言われぬ違和感を覚え、不協和音が生ずることを少なからず人々は感じるのではないか。確かに一遍は体系的な思想を残さなかった。だが日本仏教史の民俗学的な研究が進むうちに、哲学者としては見るべきものがない端役の僧が、中世以降の民衆史を語る上で全く無視することができぬ大きな存在であったことを認めずには居られなくなったのである。

というのも、現実の宗教は宗教思想の交代劇だけでは全然語り尽くすことのできないもので、もっと生活に密着した日々の営みの中を流れ伝えられるものだからである。端的に言ってしまえば、宗教の本質は観念の中にはない。宗教というものは、人間独特の情念であり、人間の全ての情念の中の覚醒であり、覚醒を伴う激しい情念の流れとでも言うべきものなのだ。だから、哲学思想だけを取り出してみても、宗教は枯れた河底に横たわる小舟のように歴史の中に横たわっているようにしか見えないだろう。ところが、人間の日々の生活が要求する情念の大河をまず再現すれば、それぞれの時代の高僧も、この大きな流れを下る一隻の小舟に過ぎないことが分かる。多くの高僧伝はこの大河を隠してしまうが、一遍の生涯は隠すどころか反対にこの大河の存在を炙り出してみせたのである。

祟《たた》る霊を祀るために陸奥の奥深く歩みを進めた一遍たちは、冬に追い立てられるように海岸線を南に下り、武家の都鎌倉を目指した。踊り念仏を見いだした後の旅について『聖絵《ひじりえ》』は余り多くを記さない。常陸の国で尼が悪党に攫《さら》われそうになったこと、浅草近辺で病に倒れるものが相次ぎ、残して旅立たねばならなかったこと、鎌倉入りの結果次第で時衆を解散しようとまで追いつめられていたことなどが分かる。通信の墓前で一遍が詠んだ歌

はかなしやしばしかばねの朽ちぬほど野はらの土はよそに見えけり

己への執着は凄まじく、朽ち行く骸骨でさえ「己」の意識を捨てられないという意味だ。これをただ野心のままに戦乱の世を生きた祖父通信にのみ手向けられた歌だとは言えまい。一遍自身が先ずこの「己」を渾身の力を込めて消し去ろうとした。そして、一遍が「己」をすり減らしてゆけば行く程、信仰は生き生きとした現実の姿を現し始めるのだが、それは鎌倉入りの後のことである。

（上田）

瑞巌寺

一遍が瑞巌寺を訪れたのは弘安三年（一二六〇）のことだ。松尾芭蕉が訪れたのは元禄二年（一六八九）のことであるから、それよりも四三〇年近く早い。それまでの瑞巌寺は天長五年（八二八）に、慈覚大師円仁《えんにん》が臨済宗円福禅寺として開山したということになっているが、その後、円福寺、瑞巌寺と変化している。古くは松島寺とも呼ばれていた。

寺の前に広がる松島は九十以上もの大小の島々があり、今日では天橋立、宮島と並んで日本三景の一つに上げられている。それが今度の三陸沖地震の津波によって、大変な被害を被った。実際遊覧船に乗り島巡りをしたが、津波によって島も相当に破壊されたらしい。その爪痕はきれいに駆除されていたが、人々の心はまだ癒されていなかった。

松島に入る前に石巻に一泊し、学生時代に仲がよかった知人に連絡をすると、家族が出てきて、相手は病気にかかり、それでお酒が飲めないので申し訳ないと断られた。あんなに酒好きだった男がどうしたのかと心配していると、津波で身内を失い、鬱病になっているのだと伝えられた。

わたしは返す言葉がなくて重い気持ちになった。島々の美しい景色を見ていても、知人の家族や地元の人々の声が耳に残り、心が晴れることがなかった。

一遍は七五〇年以上も経って、こんな惨事が起こるなんて想像しただろうか。自然災害はどんな場所でも突然襲ってくるが、いつも思い知らされることは、彼らには絶対に勝てないということだ。人間が謙虚でなくなった時に襲ってくる気もするが、それは地域の人々の善悪に関係がない。都市にも田舎にも予期せぬ時にやってくるのだ。

もしあの津波が夜に発生していたらとおもうと、もっと悲惨な目に遭っていたはずだが、被害を受けた人々の心境は想像に絶するものがある。まして一遍たちが生きていた時代なら、科学の進歩も、今日とは比べものにならないほど未発達だったのだから、神の怒りと思い込んだに違いない。あるいは末法の時代だと諦めただろうか。

そして松島の美しさもまた自然の力だ。その美しさや恐さの中で、ひっそりと生きているのが人間のはずなのだが、ほかの動物とは違い神から叡智をもらって、傲慢《ごうまん》にも歯向かうようになったのが、今日のわたしたちだ。自然や神から見れば、人間ほど謙虚さのない生き物はいない。それゆえに諫《いさ》めるように彼らが怒るのだ。

なにも欲せず、ただ自分が信ずる神仏の力を信じて生きようとする態度は、彼らの逆鱗《げきりん》に触れることもなかったはずだ。ひもじさを感じていても、心は満たされていたはずだ。幸福とは心が満たされることをいうが、きっと信ずるものがあって幸福だったに違いない。

それにひきかえわたしたちは彼らよりも知識があるが、だからといって本当に幸福なのだろうか。一遍のように電車や車にも乗らず、ただ踊りながら歩き、なにもかも忘れて無我の境地になりたい気もするが、今時そんなことをしても笑われるだけだ。

その上全国を歩くだけの勇気も体力もない。それでも彼らが見た風景を少しでも目に入れたくて出かけているが、悟りを啓くどころか煩悩《ぼんのう》は増すばかりだ。いつも書けない小説のことを考え、神社の前にくるたびに文運隆盛を願っている。邪なそんな感情を抱いているのだ、叶うどころか罰が当たるはずだ。

こちらもいい年齢まで生きてきたので、ありがたいとおもい、つまらない欲望は捨ててしまおうと考えているが、それは逆に煩悩がたっぷりと残っているからだ。いやはやと一人で苦笑いをしたが、一遍まではいかなくても、芭蕉のように自由に歩いて、少しでも心を落ち着かせたいという気持ちになった。

（佐藤）

巨福呂坂《こぶくろざか》

武蔵の国を抜けて、王城鎌倉に入ろうとする場面は、『聖絵《ひじりえ》』の中でも最も緊迫感の伝わってくる場面である。一遍は「鎌倉入りの作法にて化益《けやく》の有無をさだむべし利益《りやく》たゆべきならば　是を最後と思うべし」として、巨福呂坂を越えて鎌倉市中にはいろうとした。ところが、偶然にも若き執権北条時宗が山ノ内方面に出御《しゅつぎょ》するところに出くわしてしまった。従者の武士が静止する所を強いて通ろうとすると、小舎人《こどねり》が同行を打擲《ちょうちゃく》し、武士は一遍に対して「法師の分際で、御前においてかような狼藉が許されると思うか。お前が大勢の衆徒を引き連れているのは、名聞《みょうもん》を得ようと考えているからであろう。静止を無視して乱入するなどもってのほかである」と言う。一遍は「法師に名聞は無用である。自分は只人に念仏を勧めるばかりである」と返すが、従者は無言のまま杖で二度一遍を打擲《ちょうちゃく》する。一遍は顔色も変えずに「自分は念仏勧進を命としているものだ、このように止められてはどこに行く所があろう。ここで死すべきである」と答えた。一遍の覚悟の程に気圧《けお》されたか、「鎌倉の外は御制にあらず」と流血を回避したのであった。

鎌倉入りを阻まれた一遍らは巨福呂坂を引き返して、今の北鎌倉山中で夜を明かす事になった。その場所は北鎌倉の時宗光照寺の辺りとされている。光照寺はその地を一遍上人法難霊場と謳っている。『聖絵《ひじりえ》』の詞書《ことばがき》は「山際の道のほとりで念仏していると、鎌倉中の民衆が大勢集まって来て食事の供養をしてくれた」としているが、絵をよくみると疲れ果てて膝に頭をついて項垂《うなだ》れている者もいる。一遍が「鎌倉入りの作法にて化益《けやく》の有無をさだむべし」として無理に鎌倉市中に入ろうとした真意はどこにあったのか。一遍の引き連れている時衆の集団は、このとき組織上の危機に瀕していたのではなかろうか。

石浜で病者を残して出発する時一遍は歌を一首詠んでいる。

のこりいてむかしをいまとかたるべきこころのはてをしるひとぞなき

この歌に込められている複雑な思いをどう理解すべきだろうか。病んで離脱した人々の心の奥を人は知る事が出来ない。というのであるが、ここには当然一遍が鎌倉で語った「鎌倉入りの作法にて化益の有無をさだむべし　利益《りやく》たゆべきならば　是を最後と思うべし」という言葉に繋がる思案がなければなるまい。一遍は鎌倉入りに際して、今日は執権が山ノ内に出かける予定なので、この道は通らない方が良いと助言されたにも関わらず、「思うやうあり」つまり、自分に考えがある、と言って、無理に通ろうとしたのであった。この「思うやうあり」とはどういう事なのか。

京都化益の折、一遍は「聖人の風をもちいること俗をかうることとなし、しかれば関東にて化導《けどう》の有無をさだめき」と語っているが、執権の従者に承知で打たれてみせたのには、一遍の深い思案があったはずである。それは、一体どんな思案なのか。一遍は武士に名聞《みょうもん》のために大勢の従者を引き連れて歩いているのであろうと非難された返事に「法師に名聞は無用である。只人に念仏を勧めるばかりである」と答えた。更に「自分は念仏勧進を命としているものだ」とも語った。終わりのない長途の旅を続けているうちに、同行の者たちにこの旅は何のために続けられているのだろうという疑念が沸き起こって来ても不思議ではない。心のどこかでこの賦算《ふさん》遊行の旅が世間に認められて成功と安住の地が与えられるのではないか。そういう考えを同行者たちが抱いても咎められまい。そんな中で石浜での病者たちは、病を機に集団から離脱していったものと思われる。

この出来事は恐らく一遍にも遊行の旅の意味をもう一度深く考えさせたに違いない。これは成功と栄達への旅ではないのだ。ただ「念仏勧進を命」として生きることの意義をもう一度、一遍は同行者たちに知らしめたかったのではないか。京都での「聖人の風をもちいること俗をかうることとなし」とは、ただ俗受けする外観とは何かというだけの話ではあるまい。この言葉の後で、一遍は大勢の賛同者に取り巻かれて都に残る事が果たして正しいのか自問している。そして結局は、元の時衆のみを連れて北国を目指したのである。一遍が鎌倉入り決行で示そうとしたのは、このように旅の根本的な意味だったのではあるまいか。私はそんなことを考えてみるのである。（上田）

光照寺

北鎌倉駅に着くと、多くの年配者たちが電車から降りた。近頃はどこに行っても、わたしとそう年齢の違わない人たちに出くわすが、それだけ高齢化社会になっているのだろう。

「年寄り遊民」たちが行き場を失っているという感じだが、北鎌倉を下車した人たちは元気があった。多分、目的があるからだろう。紫陽花がきれいだという報道があったので、明月院を訪ねる人々たちなのかもしれない。

そこから建長寺、鎌倉八幡宮と抜ければいい散歩コースだ。鎌倉は何度きても厭きない土地で、巡り歩くところもたくさんある。わたしは久しぶりに妻と出かけた。知り合って四十年近くが経ち、二人とも歳を重ねた。だがこちらが小説を書いているせいか、静かな生活はなかなかやってこない。いつも締め切りに追われて慌ただしい生活だ。

それでも以前はあちこちに出かけていたが、最近は一人旅ばかりだ。彼女の父母も歳を取り、その手助けや介護もある。その上、わたしの母親も高齢で世話をしなければならない。彼女も疲弊しているはずなので、息抜きにと声をかけると、一緒に行くと言った。それで久しぶりの夫婦二人の鎌倉行きとなった。

改札口で屯《たむろ》している年輩者たちを横目に、わたしたちは鎌倉街道を名月院とは反対に歩いた。

「帰りに寄ってみようか」

こちらが声をかけると、相手はそうですねと返答したが、あまり乗り気でもない。入院した母親のことが気になっているのかもしれなかった。人間は心配事があると、どこに行っても、誰と会っていても、そのことから解放されることはない。一度に三人の身内が入院していれば安穏とした時間はない。

九十二歳の義母と八十七歳の父と七十九歳の母の病室をまわっているのが、今の彼女の生活だ。頭が下がるが、なかなか女性の世話は男性にはしにくい。それに勤めもあるし、仕事の締め切りも抱えている。妻が献身的なのは無教会派の父親の影響を受けているからかもしれない。物欲もまったくないし、考えているのは家族のことだけだ。

弱い人間が群がり集まって生きる最小単位が家族だが、それが親族、一族、部族、民族となって国家を成していく。一遍たちは身分階級に関係なく、疑似《ぎじ》家族を形成して全国を遊行したが、それは阿弥陀仏の元で、生きていく孤独を癒そうとしていたのではないか。

孤独とは淋しいということだ。孤独の「孤」は親のいないこどものこと。「独」は子のいない年寄りという意味だ。末法の時代、飢えや淋しさに耐えて生きようとする人間を、彼は救おうとしたのだ。

狭い道を車がひっきりなしに通りすぎている。この繁栄を知ったら、一遍はどう思うだろう。やさしさや人に対するおもいやりを失った現代人を見て、やはり世も末だと見るだろうか。

釈迦が死んで五百年を、彼の言い伝えが伝わるという正法、二千年を似たことが伝わるという像法《ぞうぼう》、その後が末法で、それが本当なら、現在は末法の真っ直中だ。一遍だけではなく、お釈迦様も嘆いているのではないか。

そんなことをおもい歩いていると、向こうから四人の男女が歩いてきた。みな七十前後のようだ。光照寺を訪ねるとすぐそこだと教えてくれた。お礼を言って、鎌倉通りを左手に曲がり、少し行くと目的の場所はあった。

この寺が鎌倉に入ることを断られ、一遍たちが野宿をしたところだ。寺は狭く、小さな敷地には墓石がたくさん立ち並んでいた。そこを歩いたが、墓にも人格があるような気がした。人は死んでまで区別や差別があるのだろうか。ここは阿弥陀仏がくまなく光りを照らす寺だ。あるはずがない。あるとするのは残されて現世をまだ生きている者の欲目だ。

鎌倉にはここ以外に、彼らの足跡を残す寺がいくつもあるが、権力者が宗教人を排除しようとするのは当然のことだ。信者は施政者の言葉より教主の言葉に従う。そうすれば権力者は弾圧を行い諍《いさか》いになる。その繰り返しが古今東西どの国にもあった。

汚い身なりをして、布教活動をする一遍たちの行動を訝《いぶか》しく見るし、警戒するのは当然のことだ。

「なにを考えていたんでしょうね」

「神も仏もいたと信じていたのは、間違いないだろうな」

「いたほうがいいですよね」

「多分、そうだろうな」

神も仏もいないとおもうよりも、いたと考えるほうがいい。どんなことでもいいから信ずるものがあったほうが生きやすい。わたしが黙っていると、妻も言葉をつながなかったが、親が三人とも病気になっている彼女が、今一番神仏に縋《すが》っているのではないか。

わたしたちが寺にいる間、誰も訪ねてくる者はいなかった。野鳥が鳴きながら頭上を走り、見上げると、狭い澄んだ空に白い雲が立ち上がっていた。地上は変わってしまったが、変わらないのは天上だけか。雲間から光が射し出すと、それがふと阿弥陀仏の光徳《こうとく》のように感じられてきた。

（佐藤）

江の島

江島神社は藤沢市にある神社で、今日では滋賀県の竹生島《ちくぶしま》の宝厳寺、広島県の厳《いつく》島《しま》神社と並べられて、日本三弁財天の一つにあげられている。弁財天とはヒンドゥ教の女神であるサラスビァティーが、仏教あるいは神道に取り込まれた呼び名だ。元々仏教とともに伝承してきたが、日本の市杵島姫《いちきしまひめ》命と習合して神社の祭神になり、池や海の水辺に祀られることが多い。

その江島神社は宗像大社の多紀理比賣《たぎりひめ》命、市寸島比賣《いちきしまひめ》命、田寸津比賣《たぎつひめ》命を祀る奥津宮、中津宮、辺津宮《へつみや》がそれぞれにある。それまでは岩本坊・上ノ坊・下ノ坊と三つの別当があり、それぞれが三宮を管理し、その中でも岩本坊は京都の仁和寺の末寺《まつじ》となり、江島寺とも呼ばれていた。それが明治六年（一八六八）の神仏分離により、それ以降江島神社となった。

その神社に久しぶりに出かけた。休日ということもあり訪れる人たちが多く、狭い石段は参拝者たちで溢れていた。土産物屋の店頭で焼く栄螺《さざえ》や烏賊《いか》の匂いが漂い、酒飲みのこちらは、上るのをやめて飲んでしまおうかと迷ったほどだ。辛うじて踏みとどまったのは、のんびりとしていると陽が落ち、帰るのが遅くなるとおもったからだ。

それに目的は江の島で飲むことではなく、一遍の足跡を訪ねるためにやってきたのだということを思い出したからだ。いいかげんなわたしはすぐに自分と妥協して、目的を達せずに余計なことをやってしまう癖がある。猫にマタタビというふうに、お酒を飲んでいる人たちを見ると、つい自分も立ち寄ってしまいたくなる。

なんとか自制して中津宮までくると、茅の輪潜りをする人たちがいた。それを見ていると、相模湾からの涼しい風が吹き抜け、石段を登ってきた体を鎮めてくれた。それからわたしは順番待ちをしている人々の後ろに並んだ。

幼い頃、福岡の神湊というところに家族で海水浴に行くのが慣わしだった。そこは宗像大社があるところで、秋には神迎えをする「みあれ祭」という例祭があった。その海水浴場で溺れて死にかけたことがあり、意識が戻ると、わたしを取り囲む人々の姿が見えた。こちらが大泣きをすると、心配していた父親が大変喜んでくれたが、そのことを急に思い出したのだ。

江島神社はその宗像大社と同じ祭神だ。それならばあの時のお礼を言わなければならない。それにこれからもなにかあったら助けてもらおうと、調子のいいことをおもいついたのだ。知の輪潜りは無病息災を叶えてくれる。

それで潜ってお礼とお願いをしたが、ながい不摂生のつけがきて、体は成人病の巣だ。そんな我が儘な頼み事など、女神が聞いてくれるはずがないとわかっていても、お祈りするところが煩悩《ぼんのう》まみれの人間の弱いところだ。

わたしは右回り、左回りと八の字に回った後に、そんなことを思案し苦笑いをして歩いていると、御岩屋通りにある一遍が掘り当てたという井戸があった。江の島は何度かきたが、今日の目的はここなのだ。島の狭い道の脇に小さな碑があり、一遍が飲料水に困っている島民のために掘り当てたと言われるものだ。

今はきれいな土産屋通りになっているが、このあたりで一遍が修行した旧跡だと伝えられている。だが道行く人々は誰も関心がない様子で、海岸の岩屋のほうに歩いて行く。わたしはなんだか一遍がかわいそうな気持ちになり、しばらく佇んでいると、年配の女性が二人近づいてきて、碑を覗き込むようにして見つめた。

「ほら、一遍さんってあれでしょう」

七十近くに見える彼女たちは阿波踊りをする仕草をした。踊念仏を阿波踊りに見立てているのだ。わたしは知っていられるだけいいかという気分になり、その場を離れた。

すると一遍さんが、どうもありがとうなと声をかけてくれた気がし、島を登ってきた疲れも取れた。それからこれは、ひょっとしたら茅の輪潜りの効用も出たかなと嬉しくなった。滲んだ汗を冷やすために風の吹きぬける通りに出ると、相模湾が広がっていた。わたしはふと神湊で溺れたときのことを思い出し、助かった感謝の気持ちを表すために、もう一度江の島神社にお参りして帰ろうとおもった。

（佐藤）

三嶋大社

私用で静岡に一泊し、天気がよかったので新幹線に乗らず鈍行に乗った。東海道線の各駅停車に揺られるのは何十年ぶりだろう。二十歳前後の頃、お金がないので深夜の東京駅から大垣駅に乗り、そこからまた鈍行に乗り継いで郷里に戻った。

あの頃は国も個人もまだ貧しく、帰郷するのも一苦労だった。若者で飛行機に乗れる者はいなかったし、特急に乗れる者も少なかったはずだ。今は賄いつきの学生寮はほとんどなくなったが、当時は三畳や四畳半一間で二食つきの寮があった。多くが地方出身者の貧しい者ばかりで、よくアルバイトを紹介し合った。

同世代の人間と話すとその頃のことがよく話題になるが、それがまたいい思い出として心に残っている。たった一人の女、たった一人の友、そしてたった一つのいい思い出を手に入れるためにも、懸命に生きなければならないというようなことを、イギリスの劇作家・チェスタートンは言ったが、近頃は、自分はどうなのかとよく振り返る。それだけ人生が残り少なくなってきたからだが、今更じたばたしてもしかたがない。急いても急かなくてもお迎えはくる。

その頃、帰郷や上京するたびに富士を見ていた。美しい山だ。若い時分から落ち込んだりするとよく見にきて、ずいぶんとこの雄姿に救われた。そのことを思い出して各駅停車に乗ってみたのだ。天気のいい日で、富士は車窓からずっと見えた。

カメラを持った人たちが美しい富士を撮ろうと、シャッターを押し続けていた。わたしのような人間がたくさんいるのだなと苦笑したが、あんなに車窓から見続けたことがない。一遍もどんな気持ちになったのだろうと夢想していると、三島駅に着いた。じゃあ、またなと富士に挨拶をして降りた。

駅から数分歩くと三嶋大社に着いた。富士からの湧水はこの町にも流れている。透明な水は量が多く、流れは早かった。境内では催し物でもやっているのか、和服姿の婦人が多く、仲間たちと明るい声を上げていた。神社は伊豆国一の宮で、源頼朝の挙兵にあたっては神威を頼み、鎌倉幕府を開くと一層の崇敬を受けている。

主祭神は大山祇神《おおやまづみ》・事代主神《ことしろぬしの》で旧社格は官幣大社《かんぺいたいしゃ》。名神《みょうじん》社に指定されている。名神とは神々の中で、特に古来より霊験《れいげん》が著しいとされている神に対する称号だ。

だが創建は不詳。三宅島（富賀神社）―下田・白浜（伊古奈比咩命《いこなひめのみこと》神社）―大仁《おおひと》（広瀬神社）―現在地に遷宮したという伝承が、「延喜式神名帳《みょうちょう》」に伊豆国賀茂郡伊豆三嶋神社と記されているので、古社ではあることは間違いないが、神社をまわっていると、時折主祭神や由緒が変わり、歴史が逆に見えなくなってくることがある。また名神社で創建が不詳というのも珍しいのではないか。鎌倉期に源頼朝の崇敬を受けたのも大きいのかもしれない。

明治維新の神仏分離以降、神社の名前や主祭神が変わるのも、歴史が勝者のほうからつくられることをおもえば、しかたがないことかもしれないが、古代から神社を守り神に、そこに生きてきた一族の生業や生活の環境が遠ざけられてしまうのは、残念だなと感じてしまう。氏神や産土神《うぶすながみ》の大本がゆらいでは、かろうじてわかる庶民の文化さえも消えてしまうおそれがある。

しかし神仏習合の時代、一遍たちはここで祈願したのだ。いったいなにを祈ったのか。わたしは静かな境内を歩き拝殿に向かった。鳩が群がってなにかを突いていたが、かもめがやってくると一斉に散らばった。その姿を見て、のどかに生きている鳥たちも、生きるのは大変だなあと暢気《のんき》なことをおもってしまった。

誰かがばらまいた菓子屑を食べていたが、ただ食べて生きるだけの彼らには、人間のように深い孤独も哀しみもないのだろうか。あらかた食い終わった彼らは、それでもあたりを見回してまだ餌を探している。食べ物を粗末にするこどもたちに、鳥たちの生きる姿勢を教わったらどうだという気持ちにもなった。（佐藤）

甚目寺《じもくじ》

甚目寺は、甚目寺観音で知られている古刹《こさつ》である。『聖《ひじり》絵《え》』の場面は三島社参詣《さんけい》の後、富士川での鯵坂入道入水《じゅすい》の一件を描き、この甚目寺まで一気に飛んでいる。伊豆三島から尾張甚目寺までは結構な道のりであるが、三島社で「七八人一度に往生」を遂げた後、子細の不明な鯵坂入道の入水などが続き、この東海道西行きの旅は暗い影を背負いながらの道中であったに違いない。

一遍がこの甚目寺を選んだ理由は、『聖絵』の詞書《ことばが》きに書かれているように、本尊の聖観音像が善光寺如来の脇《きょう》

士《じ》とされていたからであろうか。三国伝来の仏像と言えば、言うまでもなく善光寺如来が有名であるが、仏教初伝の折りにもたらされ、物部氏の讒訴《ざんそ》により今の大阪湾の湿地帯であった堀江に投じられた仏像のうちの一体だと寺誌は伝える。この聖観音像はしかし、堀江の海ではなく遠く伊勢湾の奥に当たる江上の庄の入り江で、推古五年という年に龍麿という漁師の網にかかって今の甚目寺の地に祀られた。今は前立十一面観音像の胎内仏となり秘仏として見ることができない点も、善光寺如来の例を倣《なら》ったものと言うことができる。

ただ『聖絵』で一遍がこの寺を訪れた場面では、この聖観音像は描かれておらず、ご本尊の脇士であった毘沙門天の奇瑞《きずい》が中心テーマとされている。一遍らはこの寺で七日間の行法《ぎょうぼう》を行っていたが、当時の甚目寺は資力に乏しかったらしく、一遍らに食事を用意することができなかった。一遍は「断食によって死ぬことはない」と行を続けたのであるが、その夜、この寺の毘沙門天が、近在の萱津《かやつ》宿に住む徳人※二人の夢枕に立ち「大切な客を迎えているので、供養をするように」と告げたという。『聖絵』

※徳人…裕福な者、金持ちのこと。

には大きな唐櫃《からびつ》に食事を入れて運び込む様子が描かれている。また、翌日この徳人らが夢告の不思議を伝えにやってくると、急に風が吹いて御帳《おちょう》が吹き上がり、中の毘沙門天が台座から降りて前に進み出たという。詞書《ことばが》きはこの毘沙門天は以前からこのような不思議を行うことが多かったと書いているが、いつ頃失われてしまったのであろうか、今この毘沙門天は寺に伝わっていない。

ここで本尊の聖観音よりも、脇士《きょうじ》の毘沙門天の事跡が大きく取り上げられた理由は、融通念仏の行者としての一遍と、融通念仏の守護者である毘沙門天との関係が強調されたのだと考えられている。なぜなら毘沙門天は、良忍が大原で阿弥陀仏により融通念仏の教えを受けて市井《しせい》で勧進を始めるや、真っ先に名帳《みょうちょう》に署名して融通念仏の守護を約束した仏だからである。

融通念仏とは、「一人一切人《いちにんいっさいじん》、一切人一人《いっさいにんひとり》、一行一切行《いちぎょういっさいぎょう》、一切行一行《いっさいぎょういちぎょう》」といって、一人一人の念仏が融合（融通）して、大きな祈りに代わり、極楽往生が約束されると考えた行法《ぎょうぼう》のことである。一遍は後に時宗の開祖とされるのであるが、生前の一遍は熊野権現の言葉にあったように、融通念仏の行者として念仏を勧めて歩いた。そのため、『聖絵《ひじりえ》』のようなエピソードが大きく取り上げられたのだと考えられる。一遍が生きていた頃の仁王門がまだ残されている寺に、それほどの奇瑞《きずい》を現じた仏像の存在が、たとい何れかの時代に焼失したのだとしても、記録さえ伝わっていないのは不思議である。だが、むしろ『聖絵』に描かれたエピソードは、一遍の側からみた仏像の価値であって、寺にとって毘沙門天の存在は、次第に大きな意味を失ってしまったのであろう。後世に寺の宗旨が統一されたときに、本尊は別としても宗派ごとの理念により脇士の陣容が整えられ、やがて忘れられたのであろうが、毘沙門天に会いに行った一旅行者には、その不在は酷く寂しく感じられた。甚目寺だけに限ったことではないが、寺社は近世以降に政治的に整えられた宗派の理念だけではなく、それ以前の寺の歴史を汲み取った信仰の回復に努めるべきではないのか、一遍の足跡を辿る旅で私はたびたびそんなことを考えさせられた。

（上田）

関寺

『聖絵《ひじりえ》』や『縁起絵』に描かれた関寺は、大きな伽藍《がらん》を有する大寺院であったように思われる。『聖絵』では回廊のような建物の一部しか描かれておらず、しかも床板を外して踊り念仏の足場に使っているので、あたかも普請中のような様子であるが、『縁起絵』の方では比叡山延暦寺桜《さくら》本《もと》兵部《ひょうぶ》阿闍梨《あじゃり》宴聰《えんそう》と法論を交わす場面が立派な畳敷きの本殿中で描かれている。そもそも関寺は五丈の弥勒《みろく》菩薩を有するような大寺だったが、地震や戦火などのため近世に廃寺となり、いまは僅かに時宗長安寺の一庵が遺跡として

残るのみである。

長安寺を訪れてみると、関寺再興に尽くしたという牛の供養塔「牛塔」や一遍や超一の供養塔などがあるが、京阪電鉄の線路で切り取られた山の斜面の僅かな土地にお堂が一つあるだけの寺だった。超一というのは、一遍の妻と考えられている女性で、「時衆過去帳」では弘安六年十一月二十一日に死去しているので、丁度一遍らが江州《ごうしゅう》遊行中のことであり、勿論この場所で亡くなったかどうかは不明であるが、時期的には合致している。

ところで、『聖絵』に描かれた関寺での踊り念仏の光景は誰が見ても尋常ではない。三井寺の衆徒たちが、高足駄に白装束の裃《かみしも》に頭巾という異様な出立ちで人口の中島に隔離されて踊っている時衆らを監視している。関寺一帯は当時園城寺《おんにょうじ》（＝三井寺）の支配下にあり、始め一遍らは寺への参拝を拒まれていたのである。更には、江州国内には比叡山からの禁令も発せられ、この妖しげな新興宗教集団に対する警戒は一様ではなかったことが想像できる。

そもそも、鎌倉時代中期には園城寺による戒壇設立の強訴を機に叡山と園城寺の対立が激化し非常に殺気立った状態が続いていた。更には、鎌倉から東海道にかけて日に日に高まってくる時衆らの評判は、洛内外の既存の宗派にとって大きな脅威であったと考えられる。従って、一遍らの入洛はかつて因幡堂で宿泊を拒まれた頃とは違い、大教団による抵抗を押しのけて成し遂げられねばならない難事だったのである。

では、一体一遍はこの障害をどのように乗り越えて入洛を果たしたのであろうか。その事情を『聖絵《ひじりえ》』は幾つかのエピソードで伝えている。先ず一つは小田切の里で初めて踊り念仏を始めた場面の詞書《ことばがき》である。江州守山の焔魔《えんま》堂で比叡山延暦寺東塔の桜本の兵部竪者重豪《ひょうぶじゅしゃしげとし》（この人物は『縁起絵』では先述の通り比叡山延暦寺桜本兵《さくらもとひょう》部阿闍梨宴聡《ぶあじゃりえんそう》と別名になっている）と踊り念仏についての是非を歌で論争したことが記されている。桜本の重豪はやがて一遍に帰依《きえ》して念仏の行者になったという。この同じ場面を『縁起絵』は関寺での出来事として、相手の名を宴聡《えんそう》と呼び、一遍を論駁《ろんばく》しようと面会した所が、一遍に差し出された山芋を受けて食し、呆気《あっけ》なく改宗するという滑稽な話になっている。もうひとつは、園城寺から関寺への参詣《さんけい》を差し止められ、近くの草堂で一夜過ごしたが、やがて園城寺から許可が下りた旨、その理由の説明なしに伝えている。では一体どのような事情で、園城寺は一遍らを関寺に通す事にしたのか。それは、関寺の場面からは窺《うかが》い知る事はなかなか難しいのであるが、あくまでも『聖絵』に従って考えると次のような理由が考えられる。

『聖絵』は一遍らが関寺への入山が許された後、「知徳たち対面法談ありて聖の余波をおしまるるによりて今二七日延行せられ侍き」とあり、園城寺から出向いて来た高僧たちが面会して一遍の踊り念仏の主旨を知り、後には一遍との別れを惜しんだというのである。これは、想像するに『野守鏡《のもりのかがみ》』や『天狗草紙』などに揶揄《やゆ》されたように、「みぐるしところ」「男女根」を隠す事なく「野馬」のごとく踊って良俗を乱していると噂された妖しげな集団への誤解が、一遍との対面で一気に解かれた事を伝えているのである。

私はこの関寺の奇妙な踊り念仏の光景と詞書から一遍という人の生き方の一流儀を見たように思われた。踊り念仏は俗人の心を捉える上では計り知れない効果を現わす方法だった。しかし、この方法は人々の心を一旦は激しく惹きつけるが、一面娯楽的な要素が強く一過性のお祭り騒ぎに終わり易い。更にまた、『野守鏡』や『天狗草紙』

が指摘する風俗の混乱は実際に起こりえたから、権門《けんもん》や既存寺社勢力の弾圧は当然予測されたことなのである。しかし、一遍はそうした当然生じる誤解や非難を回避する手管《てくだ》を労しようとはしなかった。彼はただ踊り念仏の実際を見せる事で、時衆とはどのような集団であるかを分からせようとしたのである。この事は近江の草津宿で伊勢大神宮の神が結縁《けちえん》に来た時、不信の者は病を起こすだろうとの予言の通り、時衆の中に十三人もの病者がでたと『聖絵《ひじりえ》』が記しているが、これは反面一遍が時衆の同行者たちに極めて厳しい修練の意志を要求していた事を示しているように思われる。やがて述べるように一遍は、京都化益《けやく》での大成功を喜ばず、一月半余りで丹波の国に向けて出発してしまう。一遍が何を考えて遊行賦算《ゆぎょうふさん》の旅を重ねてゆくのか、時衆の同行者たちは恐らく何度も自問自答しなければならなかったであろう。

（上田）

市屋道場

一遍は四条京極の釈迦堂に入った。関寺での踊り念仏の模様が風の便りで都に伝わっていたのであろうか。釈迦堂での賦算は熱狂的群衆に取り巻かれる中で行なわれた。一遍は同行の肩車に乗り札を配っている。一遍が入京後直ぐにこの釈迦堂に入った理由はわからない。この地は空海がその主著『十住心論』を清書した場所だと言い伝えられているが、それが理由だとも考えにくい。今、この地は染殿院《そめどのいん》として新京極のアーケードの一角にあり、近くには一遍と和泉式部に纏《まつ》わる伝説をもつ誓願寺もある。恐らく

人的縁故があったに違いない。

七日の滞在の後、因幡堂などを経て空也上人が踊り念仏を始めた場所だと言う市屋道場に移った。ここには、二階建ての踊り屋が造られて足の高い見物台のようなものまで見える。こうなると最早見世物以外の何ものでもなかろう。珍しい念仏踊りの集団を一目見ようと、近在の者たちがこぞって貴賎共々雲集して来た。一遍がそうした熱狂を喜ばなかったことは明らかである。何れにしても、一遍の思いはこの地即ち空也上人練業の地で踊り念仏を踊る事にあったに違いない。

空也上人は遊行聖《ゆぎょうひじり》の系譜における一大巨星だった。社会事業に身命を尽くした聖としては大仏建立の立役者となった行基や、それ以前には三蔵玄奘《げんじょう》に師事した道昭などがあげられるが、空也上人の伝説は多くの聖たちの目標となり、後世の修行者の人生の手本となっていた。空也は出自が定かではないが二十代のある時期に尾張国分寺で出家し、東国を陸奥の国まで巡錫《じゅんしゃく》したのち、三十代の半ば頃から京都市中で衆生《しゅじょう》救済の活動に身を捧げ、七十年余の生涯を、現在六波羅蜜寺のある地で終えたのである。空也の人生を貫いていた信念は、出家はひたすら他利を宗とする菩薩道を歩むものだということではなかったか。彼は南都や叡山の僧たちのように社会的栄達というものには全く関心がなく、独立独歩の道を歩いて生きた。そのため比叡山が与えた光勝《こうしょう》という戒名を決して名乗らなかったという。そうした生き方が、一遍を強く惹きつけ生涯の師として慕ったのだと思う。

空也に先立つこと数十年、称名念仏《しょうみょう》は比叡の法灯円仁《ほうとうえんにん》により止観の行として常行三昧堂《じょうぎょうざんまいどう》に定着してはいた。しかし、そこにはまだ人間の救済が念仏の一行だけで達せられるという発想はなく、法然の浄土宗と同じ他力本願思想を有する念仏を行じたのは空也が初めてだと考えられる。

一遍は旅の数少ない持ち物の中に、空也上人の持文《もちもん》を肌身はなさず持ち歩いていたという。その持文は『聖絵《ひじりえ》』の伴野《ともの》での踊り念仏開始の節と、市屋道場化益《けやく》の節二カ所で紹介されている。その持文から伺える空也上人の思想は、まさに一遍の心の最も奥深くで導いていた思想そのものであった。少し長くなるが、一遍の思想的側面を知るために、しばらく辿ってみたい。先ず伴野の場面で紹介されている空也上人の詞は次のようなものである。

「心に所縁なければ、日の暮れるに随って止まり、身に住所なければ、夜の暁くるに随って去る。忍辱《にんにく》の衣厚ければ、杖木《じょうもく》瓦石《がしゃく》を痛しとせず、慈悲の室深ければ、罵詈《ばり》誹謗《ひぼう》を聞かず。口称三昧を信ずれば、市中是れ道場」

非常に明瞭な表現であるから、説明は殆ど必要ないくらいである。この詞から私自身が受け止めるものは、空也上人が如何に自我の動きをとどめていたかということである。空也上人の意識は全くそこにのみ注がれているように思われる。自我が動かなければ、全てが自分に相応しいものとなる。物事の理由を求めさせるものは全て自我の働きである。即ち因果の理由を求めさせるものは、あらゆる行為に名目を必要とする「私」という意識上の存在なのだ。「私」を求めなければ、或は「私」を観念上で保とうと努めなければ、己を守り、また飾るための住所も不要であり、誹謗中傷も意味をなさない。右の持文《もちもん》から見えてくるものは、空也上人のそういう心のあり方である。これをもっと簡単に言い表したのが市屋道場の場面で示される次の詞である。

「名を求め衆を願いと為せば、身心疲れ、功を積み善を修せんと為せば、希望多し。孤独にして境界無きには如かず、称名《しょうみょう》して万事を抛《なげう》つには如かず」

こちらは、心が動きだした時に生ずる災いの因果関係が直截的に示されている。名声も善行も詰まる所は他人の評価に繋がる。自我はそれ自身が実体のないものであるがために、他者からの評価を自己存在の確立のために必要とする。実体のないものを現出させようとする、この働きの中から人間精神特有のあらゆる葛藤が生じるのである。実体のないものを生起させないこと、それが空也上人の言と「撰集抄」の伝える「捨ててこそ」という詞の含意であろう。（上田）

桂

京都を出発した一遍らは、北国に向かうために桂川を渡ろうとしていた。ところがその地で一遍が俄《にわか》に発病したため、桂川の畔《ほとり》に小屋立てして回復を待つことになった。『聖絵《ひじりえ》』には粗末な掘建て小屋に入り、暑さをしのいでいる同行者たちの姿が描かれている。川では二三の武士たちが裸になって泳いでいる。畦道には荷を担いだ牛たちが重そうに歩みを進め、街道には旅人の往来も激しい。その近くの道の脇には、小屋を作って旅人から物乞いをしている者たちの姿も見える。

片瀬の地蔵堂に続き、京都でも大成功を収めて、当初の賦算《ふさん》の目的は遂げられたかに思われる。しかし、まだまだ洛中にあった方がより多くの人々に結縁《けちえん》の札を配れたはずである。ところが一遍は、他の場所に比して極めて短い期間で京都を出立しているのだ。年譜などを辿ると一遍らはかなりゆっくり旅路を辿り、時には片瀬の浜のように数ヶ月も同じ場所に逗留することさえあった。一遍の旅は、芭蕉の「奥の細道」のような、宿から宿へ足早に辿る旅とは違う性格のものだったのである。そんなことを考え併せると、京都からの旅立ちは余りに早い。だから、私たちはそこに一遍の何らかの意図が働いていると考えるのが自然であろう。

次節でもう一度触れるが、要するに一遍は京都での成功を喜ばなかったのだと思う。踊り念仏は言ってみれば大変集客力のある見世物のようなものになって来た。もともと札配りの手法を選んだ一遍であるから、踊り念仏も結縁の方便としては、賦算の延長線上にあったはずである。唯一の救いの道と一遍が信じた名号《みょうごう》への入り口として、それは何ら誤りではない。しかし、名号が救いであるのは何故なのかと、踊りを見物した人々は果たして自問したであろうか。一遍は名号という究極の無我を発見したが、名号《みょうごう》が無我への入り口であることに誰も関心を持たない。名号を唱えることでしか自我という地獄を免れることが出来ないということを、切実に感じとる者は少ないのである。踊り念仏の熱狂は一時の解放を齎《もたら》すが、それは一過性のものであり、人々は直ぐにそれを忘れてしまう。

一遍は自ら選び取った方法ではあるが、その是非について度々自問しなければならなかったのではなかろうか。踊り念仏についてここで一つだけ考えておきたい事がある。それは、小田切の里で踊り念仏が始められた時には、踊りの輪に時衆以外の人々も加わっていた。それが、その次に踊り念仏が描かれた場面である片瀬の地蔵堂の絵では、二階建ての踊り屋に時衆の僧尼だけがあがって踊っている。信州から陸奥を経て関東に戻ってくる間に、踊り念仏の行儀は整えられ、参加型の舞踊から、死に至るような厳しい修行の手段にまで昇華させられているのである。それはどうしてなのだろうか。踊り念仏が民衆の心を捉えるただの手段なのだとしたら、踊りの輪から在家の人々を排除しない方が効果的だったろう。しかし、もっと見世物的になってしまうはずであるが、一遍は敢えて足の高い舞台を作り、或は池の中島を舞台とするなど、民衆と行者たちの間に大きな距離と明確な境界を作っているのである。その上で、行者たちは鉦鼓《しょうこ》を叩き、足を激しく踏みならし、声の限り念仏を称えながら、舞台上を回転するのである。

一遍の踊り念仏は信州跡部《あとべ》の踊り念仏などに継承されていると言われるが、本来の踊り念仏はそのようなゆっくりとしたテンポのものではなく、『聖絵《ひじりえ》』からも伺われるように、体力の限界まで続けられる苦行に等しいものだったはずである。初めは旅の憂さを晴らしてくれるような念仏の踊りも、一遍という指揮者の存念で益々過激なものとなってゆき、同行たちの中には旅を続けられなくなったものも多数いたはずである。陸奥からの帰り道、武蔵国石浜で四五人が病に倒れ、三島で七八人が一度に往生を遂げたというのは、この過酷な踊り念仏のせいだったのではないか。死者を出すまでの踊り念仏は、あたかも時衆となった人々の決意を試し、篩《ふるい》にかけるためのものだったのではなかろうか。

（上田）

穴太寺《あのうじ》

関寺から四条京極の釈迦堂に入って賦算《ふさん》を行い、因幡堂、三条悲田院、蓮光院、雲居寺《うんごじ》、六波羅蜜寺などを訪ね、空也上人遺跡の市屋道場で念仏を行じた後、洛外に出て桂に移る。桂で発病してしばらく静養した後、山陰道で老ノ坂を越えて篠村という所にたどり着くのである。この山陰遊行の旅立ちから、私たちは、一遍の布教に関する、非常に重要な性質を知る事が出来るように思われる。

一遍は京都化益《けやく》において大きな成果をあげた。『聖絵《ひじりえ》』に描かれた釈迦堂や市屋道場での賦算の様子を見ると、洛中における一遍の熱狂的とも言うべき人気の程が伺われる。しかし、一遍はそうした成功を内心喜ばず、僅か四十八日間の滞在の後、権門《けんもん》の帰依《きえ》に依る名声を振り捨てるように京都を後にするのである。そのとき一遍はこんなことを語ったという。

権威ある僧侶のように振る舞っていては、在家の人々を信仰に導く事はできない。そこで関東において、踊り念仏の行法《ぎょうぼう》が正しいかどうか見極めようとした。すると思っていた通りに人々の心をとらえる事が出来た。ところが、洛内において貴族権門の帰依する所となった今、このまま洛中に留まる事が正しいのかどうかよくよく考えねばならない、と。このような考えは遁世《とんせい》の始めから一遍の心中深く根を下ろしていた。彼は空也上人の「名を求め、衆を願うことをすれば、心身疲れ、功を積み、善を修せんとすれば、希望多し、孤独にして境界無きにはしかず」という思いをいつも心に抱いていた。だから、京都での成功が人々の心に増長と、浮薄さをもたらすことを恐れたのであろう。

京都を離れた一遍は、桂で病を発症してしばしの休養を必要としたのであるが、病が癒えるや昼なお暗い老ノ坂を越えて、酒呑童子《しゅてんどうじ》など鬼の伝説に彩られた丹波、山陰へと向かっていたのである。

一遍ら一行は篠村という所に至り、林中で野宿しようとしていた。すると、どこからともなく奇妙な風体の男七、八人が現れて「穴太《あのう》からお迎えにまいりました」と言ったただけで帰ってしまった。そこで、翌朝穴太に行って尋ねてみると、迎えに来たというような人もいない。人々は、これはきっとこの地の観音菩薩が結縁《けちえん》させようとなさったのだろうと考えたのだった。この穴太には身代わり観音として古くから人々の信仰を集めている聖観音があった。

今昔物語に穴太寺の聖観音《しょうかんのん》にまつわる説話が載っている。「丹波国郡司聖観音を造れること」という題がついている。丹波の国桑田郡に住んでいる郡司が長年の宿願であった聖観音制作を思い立ち、都に住むある仏師に仕事を依頼した。その仏師は日頃から聖観音を信仰していたこともあり、この上なく尊い聖観音像が出来上がった。届けられた観音像に郡司は目を見張って感嘆し、どうしても礼がしたくて仏師を在所に呼び寄せた。ところが貧しかったので礼として仏師に渡せる物がない。そこで、たった一頭の愛馬をこの仏師に与えて帰したのである。ところが、郡司は一時の感激で与えてしまった馬がだんだん惜しくなり、家来に命じて取り返させようと諮《はか》ったのである。一転心を翻した郡司は、恐ろしい事に、盗賊に見せかけて仏師を射殺《いころ》せと命じたのだ。首尾よく馬を取り返した郡司であったが、仏師の縁のものが仏師の失踪を尋ねにこない事を不審に思い、都まで使いを出す。すると、驚くべき事に仏師は存命であり、更には厩《うまや》に取り返したはずの黒馬がつながれている。驚いて、取って返した使いであったが、帰ってみると郡司の厩には馬がいない。慌てて仏師に造らせた聖観音像を見ると、観音の胸に矢が刺さって血が流れていた。観音は信心の篤い仏師のために身代わりになったのであった。この事を知り、郡司は髻《もとどり》を切って出家したというのである。

この身代わり観音が、一遍に結縁したのであった。さて、『聖絵《ひじりえ》』の穴太寺の情景には、猟師たちが弓で鴨を射ようとしている様子が描かれている。逗留している一遍のもとに集まってくるものは皆「異類異形にしてよのつねの人にあらず」と記されている。これは殺生を生業にしている人々のことなのであるが、こうした最も罪深いと思われがちな人々の救済の願いがこの場面のモチーフであろう。一遍は洛中の半分物見遊山で念仏踊りを見物に来た人々より、こうした「異類異形」の人々に賦算《ふさん》する事を好んだのではないか。そのとき一遍は再び煩《わずら》っていたのであるが、結縁の翌朝にはすっかり病が癒えて出発したという事である。何か心に蟠《わだかま》っていたものを、祓《はら》いすてて、より孤独で厳しい世界に紛れ込んでゆこうとする一遍の人柄が伺える一場面である。

（上田）

中山神社

二十代の頃、はじめは山陰線の福知山回りで帰っていたが、そのうち伯備線で戻るようになった。当時、わたしは内定していた会社を、数日間出社しただけで辞めてしまった。弟妹はまだ慶應大学に通う学生で、我が家は経済的に火の車だった。

父親が亡くなり、母親の踏ん張りでなんとか生きていたが、長男だったわたしは田舎に戻り、彼女を助けなければいけない環境にあった。だがどうしてもそうしたくない気持ちがあり、不安な心を紛らわすために神田の簿記学校に通っていた。

自分で身を立てようと会計士の勉強をしていたのだ。だがそれは本心ではなく、小説を書いて生きていきたいと夢を見ていたのだ。しかしそのことは苦労している母親には言い出せなかった。

弟が大学に入る時、母は、たかだかながい人生のうちの四年間だ、あっという間にすぎて、なんとかなると陽気に言った。その無理なはしゃぎの裏側に、彼女の哀しみが隠されていることにも気づかなかった。

そんなとき小説家になると言って、気丈夫な母親を泣かせた。あなたがまじめに生きてくれないと、あとの二人も真似をする、まっとうに生きてくれと懇願された。わたしはそれでも振り切った。その後、小説家としては目が出ず、家族とも八年近く疎遠になった。そんな時母が目を患った。アルバイトで稼いだお金で鈍行の切符を買い、乗り継いで育った土地に戻った。

山あいを走る伯備線に乗っていると、明日はどうなると不安だった。渓流の景色も、美しい山々も目に入らない。澄んだ空から照りつける陽射しが、わたしの不甲斐なさを責めているようだった。

急にまっすぐに帰る気持ちがなくなり、津山の駅に降りた。中国山地の真ん中にある町は、吉井川に沿って出雲街道が走っていた。北西部に中国山地、東部に美作台地、南部に吉備高原がある盆地の町だ。

わたしは駅舎でしばらくぼんやりとして、それから当てもなく町を歩いた。和銅六年（七一三）に国府も置かれていたらしく、上代から拓《ひら》けていた土地だ。途中で大きな神社があるとわかったので行ってみたくなった。

しかしなかなか着かない。小一時間近く歩いてようやく着いた。慶雲三年（七〇六）創建だと伝えられる神社は「延喜式神名帳《みょうちょう》」では名神《みょうじん》大社。落ち着いた佇まいのある神社で、このあたりの一の宮だ。

途中下車したので、次の急行までには時間がある。拝殿に向かう人々をながめていたが、なにもすることがない。そのうち自分も拝んでみたい気持ちになり、柏手を打つと、次から次にお願いごとが生まれてきた。それだけ焦燥と不安の中に生きていたのだろうが、わたしは頑張ってくれている母の病気の平癒と、家族の将来を頼んだ。

欲張りなことばかり祈願したが、今思うと、神様も笑っていたのではないか。そして午後遅くの列車に乗って母の許に戻ったが、その彼女も九三歳になる。中山神社の神様が可哀そうだとおもって、わたしの願いを叶えてくれたのかわからないが、弟妹も無事に卒業した。彼女の言うように、人生の四年なんかあっと言う間のことだった。

その上、わたしも小説家の端くれになれた。やがて一遍上人の足跡を歩くようになって、四十年ぶりにこの神社を訪れたが、彼らがここにきているとは知らなかった。生きることに悶々とし、なんの希望もない人生のような気がしていたが、夢を諦めずにいてよかったとおもった。

小説を書くということを実際にやっていると、若い頃にやったどんなアルバイトよりもしんどいとわかったが、今更どうなるものでもない。ただ当時のことを思い出して、ここの神様に丁寧にお礼を言うと、よしよしと微笑んでくれている気がした。

あの頃は欲張りな奴だと失笑されたかもしれないが、今度の笑みは、なんとか頑張ったじゃないかと労いの苦笑のように見えた。ついでに妹が、中山という姓の同級生と一緒になったことを報告すると、愉快そうに相好《そうごう》をくずしている姿が見えた。

（佐藤）

太子《たいし》廟《びょう》磯《し》長《なが》叡福寺

聖徳太子虚構説というものがある。聖徳太子という人物が法隆寺の建立、三経義疏《さんぎょうぎしょ》の執筆や、冠位十二階・十七条憲法の制定を行ったという確証がないのだという。しかし、一遍の時代でさえ、太子没後六百年以上も経っており、太子の存在は伝説以外の何ものでもなかった。

一遍は弘安九年にこの地を訪れて三日間参籠《さんろう》し、奇瑞《きずい》を得たという。果たしてどんな託宣《たくせん》を得たのであろうか。『聖絵《ひじりえ》』を良く見ると御廟の横穴が黒々と描かれている。その詞書《ことばがき》に、一遍は奇瑞を他阿弥陀仏にだけ語り、他の

者には秘めたとしているので、一遍が奇瑞《きずい》を得た場所は廟崛《びょうくつ》内だったのではあるまいか。『聖絵《ひじりえ》』では時衆の同行たちが御廟の前に集まっているから、そこで奇瑞が現れたのであれば、他阿弥陀仏にだけ語るということはありえない。明治になるまで太子廟は人が入ることが出来たというのであるから、一遍は太子廟内に籠《こも》って何らかの瑞祥《ずいしょう》と接したのだと思う。

五来重《ごらいしげる》によれば、太子廟は長寿と往生とを願って擬死再生の儀式である逆修を行うところだった。廟内に入って太子の遺骨の前で祈り、死を疑《ぎ》似《じ》体験するのである。善光寺や善通寺の戒壇廻りなども、一種の擬死再生の儀式に他ならない。一遍のように霊威の傍で生きようとした修行者にとって、太子廟は最も神聖な礼拝所であったに違いない。

西口順子によれば、磯長《しなが》の太子廟が浄土信仰の拠点となったのは、十一世紀後半からだということである。天喜二年（一〇五四）に、寺内の地中から「太子御記文《たいしごきぶん》」なるものが出土して寺塔の建立を促し、また同じころ廟崛の中で発見された「廟崛偈《びょうくつけつ》」には、この地は過去七度仏が法を説き、大きな救いが叶えられる場所であり、一度参詣《さんけい》すれば悪趣を離れ、必ず往生できると書かれていたという。これらは皆当然、寺僧の偽作と目されているが、これはまさに嘘から出た真であって、噂に引き寄せられてやってきた篤信家たちは、御廟の内外で霊告や夢告を得ることが出来たのであった。三日三晩、或いは七日七夜、籠り堂に籠って必死に祈れば神仏はそれに応えてくれる。たとえ、それが始めは寺社経営のために発案された集客の方策であったとしても、真剣な祈りの前に虚構は真実を生み出していったのである。

古代・中世の人々は我々と違い素朴で疑うことを知らなかったと決め付けてしまえばそれまでである。在りもしないものを信じた愚かな時代の話だと言って片付けることも簡単である。だが、その前に私たちは、自然を克服するために考え出した科学的思考だけで、「人生の意味」という難問に立ち向かってゆくことができるかどうか、もっとよく考えてみたほうがよい。

確かに事実は事実であり、虚偽は誰かが作り出した偽りであろう。当然、虚偽は事実ではないとして無価値なものとみなされる。しかし、なぜ我々は事実だというだけでそれを正しいと考え、作り話だというだけでそれを蔑《さげす》むのか。

あなたがもし仮に医者であり、弁護士であり、科学者であったとしよう。するとあなたは事実、医者として、弁護士として、科学者としてこの人生を生きる。だが、一方で殆どが後世の偽作と言ってよい釈迦の言葉や、キリストの言葉に感動し、それを真似て生きた人々の人生がある。果たして、社会の称号である様々な資格を生きる人生と、作り話かもしれない経典や往生の空手形を信じて生きた人生と、どちらが「人生の意味」を深く味わって生きたと言えるだろうか。

社会的称号もまた、人間が作り出したものではないのか。ただ事実というだけで、それが何よりも有難いというのならば、生きているという事実だけで十分ではないか。それなら、無為な老後を嘆くということなど凡そ考えられまい。しかし、我々は事実ならざれば無価値なり、と決め付けてかかっている一方で、その生存の事実を意味づける物語がどうしても必要なのである。そして、その物語は何も事実に裏づけられていなくても良いのではないか。親鸞や一遍が太子を敬仰《けいぎょう》する気持ちと、己が医者であり、弁護士であり、科学者であると自認する気持ちと、どちらがより強固な精神の支えになっていたか、決して優劣のつけられるものではあるまい。我々は古代人の無知蒙昧《もうまい》を嗤《わら》う前に、自分自身が信じているものの正体を、もっと良く理解すべきではないだろうか。

（上田）

当麻寺《たいまでら》

天平宝字七年というから、奈良時代の中頃のことである。横佩大臣《よこはぎのおとど》の娘で中将姫という人が、一途に浄土への往生を願って出家した。中将姫は寺に籠《こも》って千巻の称讃浄土教※を書写して奉納した。やがてその篤志に報いようと仏の化身が顕われ、蓮の糸で極楽浄土を描いた曼茶羅《まんだら》を織り上げてくれる。これが今日に伝えられている当麻《たいま》曼茶羅の由縁である。この話しの骨格がいつ頃成立したかは不明だが、鎌倉時代に入って西山上人《せいざん》によって「当麻曼茶羅縁起」にあるような一連の伝説に仕立てられ広く人々に知られるところとなった。一遍がこの寺を訪れたのは、彼が西山上人の法灯を受け継いでいたというだけではなく、当時この寺が浄土信仰そのものの一大発信地であったことから当然であると言うこともできる。他方、『聖絵《ひじりえ》』が一遍の足跡全てを描いているわけではないから、一遍が大和にある別の寺を全て素通りしたと断言することはできないが、『聖絵』は大和の地を訪れた一遍の足跡に法隆寺も東大寺も描いていない。『聖絵』に従えば、一遍は磯長《しなが》の聖徳太子廟から二上山《にじょうざん》を越えて、当麻寺《たいまでら》に入りその足で真っ直ぐに岩清水八幡宮に向かったのである。

一遍という人の足跡を辿って行くと、こういう不思議なことが幾らも出てくる。京都にしても因幡堂、釈迦堂、六波羅密寺などという名前の他は比叡山も清水寺も仁和寺《にんなじ》も出てこない。神社ばかり廻っているようでいて伊勢神宮にも詣でていないし、出雲大社も出てこない。一遍が感得するスピリチュアルスポットの選定はかなり風変わりで、その脈絡を辿ることが難しい。臨終の地となった兵庫の観音堂へは、そこからの迎えに応じて赴いたとされているから、「聖」たちのネットワークに導かれていたのだと考えることもできるが、これも想像の域をでない。もっとも、一遍の足跡の多くは聖徳太子、空海、熊野、善光寺、河野氏の氏神である三島社、八幡宮に関係する場所であり全く秩序がないわけではなく、敢えて言えば宗門にとらわれない庶民信仰

※称讃浄土教…玄奘三蔵が訳した阿弥陀経の異名。

の聖地を巡礼していたと言える。その意味でも、当麻寺は一遍を惹き付けてやまぬ霊場の一つだったのである。

当麻寺に伝えられているような伝説を、人々がどのように信じていたのか、私たちはもうそれを色々と想像してみるしかない。平安時代から盛んに作られた説話物語に見られる夥しい数の霊験譚《れいげんたん》、往生譚、奇瑞譚《きずいたん》などは、当然寺社の宣伝勧進の意図をもって作られたものも相当数あっただろう。しかし、勿論それだけではなく、地蔵、観音、薬師など人々の暮らしの身近にある仏は、人々の日々の信仰心と結びついて物語や説話を作り上げる原動力になっていたに違いない。また、死や埋葬に伴う恐れなどは、私たちの誰もが完全に脱し得ないものであるだけに、極楽浄土のイメージが多くの人々の心を惹きつけたとは想像に難くない。

それにしても、現代の私たちが御まじない程度にしか神や仏の信仰を抱ききれなくなってしまったのはどうしてなのだろう。『歎異抄』で唯円が師の親鸞に念仏を唱えていても、歓喜の心も起きないし、極楽浄土に行きたいという気持ちにもならないと訴えているところがあるが、私たちの多くが浄土などというものを丸で信じていない。信じていないばかりか、仏の浄土などというものを良いとも思えないのではないか。だから、そういう浄土を只管《ひたすら》に願った中将姫とは何者なのかという問は、決して私の中から生まれはしなかった。私にとっては中将姫の名を与えられた人物がいたのか、いなかったのかさえどうでも良いことなのだ。だが、何故にいつまでも当麻寺の風景が心に懸かり、二上山を背負うあの堂塔の姿が忘れられないのだろうか。私にとって当麻寺や中将姫の物語は決して信仰心と結びつきはしない。しかし、それは私の心を捉え、すっかり忘れていて思い出せない何かを私に思い出させようとしている気がしてならないのである。全く同じことが一遍上人の足跡を辿る行為そのものにも言え、私はきっとその答えを引き出すために一遍の足跡を辿ったのである。果たしてその思い出せない何かとは何なのだろうか。私はその答えを塗りつぶしたまま、またそこに帰ってゆくことができるのだろうかと自問する。漠然と、そんなことを考えるのである。

（上田）

石清水八幡宮《いわしみずはちまんぐう》

京都で北東の鬼門が延暦寺なら南西の裏鬼門がこの八幡宮となる。八幡宮総社の宇佐神宮から勧請《かんじょう》されて、貞観三年（八五九）に南都大安寺の僧、行教《ぎょうきょう》が宇佐神宮の神託により、翌年に清和天皇が社殿を建立したといわれる。石清水の社名はすでにあった石清水山寺による。

菅原道真が藤原時平の讒訴《ざんそ》によって太宰府に放逐された後に亡くなったが、その後、藤原一門や朝廷に疫病や災害などさまざまなことが起こり、その怨霊鎮めとしてこの神社が造られた。相当に都の人は怖れたようで、今日でもなにか災難に当たりそうな時に、わたしたちはくわばら、くわばらと頭を押さえて告げるのは、道真の祟《たた》りから生まれている。

実際はどうか知らないが、日本人の精神的バックボーンになっているのが、この怨霊思想と言霊《ことだま》思想だが、文明が進んだ今日のわたしたちと、彼らの畏怖する勧請は何倍も違う。彼らの怨霊を鎮めるための神社はいくつもある。平将門の神田明神もそうだし、崇道《すどう》天皇や伊予親王などの御霊《ごりょう》神社もそうだ。とにかく祟りを怖れていたのだ。

そしてこの神社は鎌倉期になると、清和源氏の崇敬を仰ぐようになり、鶴岡八幡宮をはじめ、多くの八幡宮が全国に建立された。また武人たちの足利・徳川・武田氏らの守護神となった。明治の神仏分離により、仏式を排除し八幡大神と改め、今日の祭神は宇佐神宮と同じ誉田別命《ほむたわけのみこと》・比羊大神《ひめのおおかみ》・息長帯姫命《おきながたらしひめのみこと》である。

誉田別命は応神天皇のことであり、息長帯姫命は応神天皇の母親で神功皇后のことで、三韓征伐をしたという人物だ。戦前では英雄扱いの女性だが、戦後は一切日本史では教えない。近代において天皇にするかどうか議論もあったほどの人物だが、この女性のことをおもうと、歴史というのも世の中の環境によって、ずいぶんと変わるものだとおもわざるをえない。

今日では実在していたかどうか疑わしいとまで考えられているし、歴史学者も口を閉ざしている。三韓征伐というのが災いしているのか、この皇后のことも、あるいは関わりがあるかもしれない好太王碑《こうたいおうひ》のことも沈黙している。

しかし歴代の天皇の中で、「神」という文字がおくられたのは、神武天皇・崇神天皇、そしてこの神功皇后の三人しかいない。いずれも功績のあった人物ばかりだ。漢風諡《し》号は八世紀に淡海三船《おうみみふね》がつくったものだが、当時はやはり実在の人間として捉えていたのではないか。

そうでなければそんな立派なおくり名をつけるはずがない。もっとも神武天皇後の天皇は欠史八代だと言われているし、明治になって新たに天皇になった人物もいる。だからといって、天皇家をすべて否定する人はいないだろう。なぜなら天皇が天皇といわれる由縁は文字をもっているからだ。

文字が残されていないわたしたちは、決して天皇にはなれず、名もなき庶民として生きて死ぬだけだ。多少の誤差や作為的なことがあったとしても、この国では他国とは違い、血筋が絶えたということはない。それを誇りとしてなにが悪いのかという気持ちが湧く。菅原道真の怨霊を防ぐためにできたというこの神社も、時代とともに変化してきた。信仰ですらそうなるのだ。ならばほかのものが変わってはいけないという道理はない。

一遍がこの地にやってきた時には、すでに源氏系の武士たちに多大な崇敬を受けていたし、道真の怨霊鎮めも希薄になり、八幡菩薩に帰依《きえ》していたのだ。そして一遍の郎党はそれを信心する鎌倉方によって、滅びて行ったのだ。彼はどんなおもいでこの山道を登ったのか。阿弥陀仏を信ずる者が、八幡菩薩のいる森に入って行く。

すでに悟りを啓いていたということか。それとも戦に明け暮れるに人々を見て、人生の無常観を募らせ、どんな神仏も慈悲深く、自分たちを救ってくれると信じていたのだろうか。自分の出自も生き方もみな神仏に委ねていたのだ。とうの昔に無欲なのだ。それをわたしは羨ましく感じた。戦いに明け暮れた人間が卑小に見えるではないか。

（佐藤）

教信寺

『聖絵《ひじりえ》』には、四囲の築地を廻らせた寺の中で、法門を授けている一遍の姿が描かれている。寺の背後には小高い岡、その後ろには薄墨を引いて描いた山並みが横たわっている。教信寺はかつての山陽道賀古《かこ》駅付近にあって、阿弥陀丸と呼ばれた教信という聖の草庵跡に建てられたものだと伝えられている。平安時代の始めのことである。現在も門の先には国道二号線（旧山陽道）が見えるし、近くには教信が掘ったという駅《うまや》ヶ池という溜池が残されている。賀古の駅は延喜式に駅馬四十匹とあり、大きな宿駅でさえ

馬二十匹の定めであったことを考えると、宿駅としてはかなり大きな集落があったと想像できる。教信という人の伝説は、現存する最も古いものとしては『往生極楽記』にあり、『今昔物語』などにも記されているが、一遍もそうした説話物語で教信を知ったのであろうか。念仏を唱えながら駅の人足として働き、妻子を養っていた教信は、死に臨んで屍を禽獣《きんじゅう》に施したという。

教信から一遍までの間に四百年の時間が横たわっている。私たちが目にすることの出来る説話集以外に、当時何か伝承が残っていたとしても、それは飽くまでも伝説・伝承に過ぎない。その伝説、というより型破りな人生を選びえた聖の記憶は、一遍を魅了し、彼の憧憬《しょうけい》の的となった。ある人生への憧れが新しい人生の軌道を描いた良い例と言える。一遍が死を覚悟したとき、彼は出来ることならばこの教信寺で死にたいと思った。それが実際にかなわなくなった時にも、彼は亡骸を「野に捨てて獣に施すべし」と、教信の遺志を受け継いだ言葉を言い残している。こういう尊敬の心が人間の歴史を美しく彩っていることを私たちはもう少し深く考えてみるべきである。

この教信の終焉《しゅうえん》譚は、すでに述べたように平安中期に書かれた慶滋保胤《よししげのやすたね》の『日本往生極楽記』に、勝尾寺の僧勝如《しょうにょ》の話として書かれたものである。勝如は無言の行を続けて無言上人といわれた人であり、草庵に籠《こも》って十数年言語禁断の誓いを守り、たった一人の弟子と顔を合わせることも稀《まれ》であった。ある晩遅く戸を叩くものがある。勝如は無言を守っていたので黙っていると、外から声が聞こえて次のように語った。自分は播磨国の賀古駅近くに住む沙弥教信《しゃみきょうしん》というものである。自分は今日極楽に往生するが、あなたも来年同月同日に阿弥陀如来の来迎《らいごう》を得ると定まっているので、それを伝えに来たと言って去る。極めて不思議に思われたので、明朝即座に無言の禁を解き、弟子に命じて賀古駅に教信という者がいるか訪ねさせた。賀古駅に行くと粗末な草庵の前に死人があり、犬が群がって死肉を食っている。庵には女と子供がいてともに泣いている。女の言うには死体は自分の夫で、一生の間念仏を称えながら人足として人に雇われ暮らしてきたという。帰った弟子にこの話を聴き、勝如は無言の行は念仏に劣ると悟り、無言を捨てて集落を巡り、念仏を勧めて教信の予言したとおりに翌年の同月同日に入滅したという。

こういう話の真偽などは、幾らでも疑うことが出来る。説話作者保胤《やすたね》が、百年も前の人物に仮託して、念仏隆盛の勢いを説いたのかもしれない。しかし、無言上人にせよ、教信沙弥にせよ、そこに語られた修行者の物語は、仏教が完全にそれぞれの宗派に分離する以前の遠い時代の修行者たちの姿を髣髴《ほうふつ》とさせる。学問が権威の傘を広げてゆくとき、ある特殊な能力に恵まれた人間の言葉だけが価値あるものとされてゆく。そしてやがてその言葉が最早難解すぎて常民には何のことやら分からない恐ろしい命令や呪文のようにしか響かなくなってしまうのであれば、無言上人が悟ったように沈黙するにしくはなく、教信のように弥陀の名を呟き続けているにしくはない。恐らく、一遍が教信に惹かれた理由の一つには、そのような本末矯正の強い意思への共感があったはずである。

一体、仏教とは何のためにあるのか。道理が人を救うことなど出来ようか。一人は黙し、一人は呟き、そしてもう一人は呟きつつ歩き続けたのであった。（上田）

書写山

今年九十三歳になる老母は脚も目も悪いが、頭はまだしっかりしていて惚けもない。それどころか話好きで、親族の中で一番よくしゃべる。気も強く、わたしは苦手にしているが、今も近くに一人で暮らしている。

そのため週に二、三度妻が行き、買い出しや話相手をしているが、彼女の話はおもしろいと言っている。わたしは滅多に行かないが、あの野菜が食べたい、この野菜が食べたいと注文を出す。すると庭先でいくつもの野菜をせっせとつくり、できの悪い息子に食べさせようとしている。

幼い時に、その母に毎日のように寝物語を聞きながら眠った。彼女の話は創作というよりも出鱈目《でたらめ》話で、同じ話の中で桃太郎や八岐大蛇《やまたのおろち》、野口英世などごちゃまぜに出てきていつも愉しかった。逆に目が冴えて眠れないほどだった。

弁慶の話もそんな時に聞いた。書写山へ行くためにケーブルカーに乗っていると、彼のことを思い出した。弁慶はこの山で修行をしたという言い伝えがあるからだ。歌舞伎や講談、義経伝説で有名だが、実際はどういう人物かはっきりとはしていない。今日では和歌山県の田辺市が出生地だと言われているが、山陰の出雲出身だという伝説もある。

その弁慶が修行していた書写山というのは、どういうところかと以前から気になっていた。弁慶は好きな人間だったので、前述の田辺、出雲以外にも関わりのあったとされる安宅の関や、平泉にも訪れたことがあるがこの書写山ははじめてだ。だから心が浮き立ったのだ。

その書写山には圓教寺がある。古くから山の霊力を身につけようと多くの僧が修行に入っている。書写山は山岳信仰の道場として発展してきた。その山の謂《いわ》れは、麓の人間がいつ登っても僧たちが絶えず経典を書写していたからついた。

標高は三七〇メートル。そう高くはないが、比叡山、大山と並んで天台宗三大道場、森の深さと伽藍《がらん》の壮大さから西の比叡山とも呼ばれている。また圓教寺は西国二七番札所で、今日でも多数の参拝者がいる。

康保三年（九六六）性空《しょうくう》上人が開山し、その後、花山《かざん》天皇をはじめ、多くの要人が訪れている。広い山にはいくつもの御堂があり、壮観だ。とくに僧たちが行進して祈る道場だった「常行堂」、学問の修行の場にした「食堂」「大講堂」は趣があり、国指定の重要文化財になっている。

ケーブルカーを降りて山道を歩いて行くと、何人もの男女と出会った。そのたびに挨拶をして、「常行堂」までやってくると、普段運動をしない身には堪え呼吸が乱れていた。それを嘲笑うように、野鳥たちが奇声を上げて通りすぎた。

一通りそれらをながめた後に、「奥の院」「護法堂」とまわりまた戻ってくると、弁慶が昼寝をしていた時に、信濃坊戒円に、墨で顔に「下駄」と落書きをされ、それをほかの僧たちに笑われているのを知って、池に映った顔を見た。

その池は石垣に囲まれた小さな井戸だったが、怒った弁慶は戒円と取っ組み合いをした。喧嘩の際に講堂を焼いたと「義経記」に書かれている。弁慶の伝説はどこでも勇ましい。

その彼はここでは熊野別当の子ということになっている。はじめは比叡山に上がり、後に諸国を旅した。書写山には少年の頃、半年だけいたらしい。弁慶は実在していたようなおもいになるが、いったいどんな人物だったのか。

当たり前だとおもっていることを、わたしたちはわざわざ書き遺さない。だから市《し》井《せい》の人々の生活はわからない。弁慶の名前が辛うじて伝えられているのは、やはり当時の人たちにも例外的なことにおもえたからだ。

たとえば日本史に書かれていることは、その前年から見ればみな異常な出来事ばかりだ。それゆえに書き残し、記憶から消えないようにする。つまりわたしたちが暗誦した歴史は、当時としては異常で異質なことだったのだ。

そしてもし一遍の行動や言葉が日蓮や法然のように残っていたら、時宗ももっと大きな教団になっていたのではないか。彼の言葉を懸命に書き映す僧たちの姿が瞼の裏側に広がった。人間の精神も歴史も書き残すことによって引き継がれるのだと、改めておもった。

（佐藤）

松原八幡神社

社伝によると、神社の創建は天平宝字七年（七六三）らしい。祭神は品陀和気命《ほむだわけのみこと》、息長足姫命《おきながたらしひめのみこと》、比洋大神《ひめのおおかみ》。それぞれに応神天皇、神功皇后、比洋大神は宗像三女神（多紀理毘売命《たきりひめ》、市寸島比売命《いちきしまひめ》、多岐都比売命《たぎつひめ》）の総称、あるいは卑弥呼、天照大神と諸説のある神である。

いずれも宇佐八幡宮の祭神であるが、土地の漁師が夜々光るものを見つけ、網で曳くと、八幡大菩薩と書かれた朽木《きゅうぼく》がかかった。それを岩屋に祀った。その関係で宇佐八幡の分霊を勧請《かんじょう》したところから松原八幡の歴史ははじまる。

だが近年の松原八幡神社は、神輿《みこし》を激しくぶつけ合う灘のけんか祭りとして知られている。それがいつから行われだしたのか定かではないが、その放生会《ほうじょうえ》の祭りは、全国的に有名だ。

因みに放生会《ほうじょうえ》とは捕えていた魚類や鳥獣を、川や野に解き放し、殺生を戒める仏教の儀式。それが神仏習合の日本では、神道にも取り入れられるようになった。今よりも盛大ではなかっただろうが、一遍上人たちも見たに違いない。それどころか、踊り念仏の彼らも、一緒に放生会を行ったと思ったほうが愉しい。

立派な楼門を入って行くと、広い境内があった。神社は高い土塀に囲まれ、その脇に鉄製の見物席が設えられている。どうやら放生会を見るための席らしい。わたしはそこに、土地の人々の祭りに対する情熱がある気がして、なんだか羨ましくなった。

戦後日本は、わたしたちが美徳として持っていた共同体意識を失ってしまった。生活が豊かになり、人々が助け合わなくても生きていけるようになった。そのことによって、逆に、他者を思いやる気持ちや配慮する感情を、喪失させてしまった気がする。そんなことを考えているので、祭りというものは決して一人ではできず、共同体意識を再確認させるものだと思っている。それに文化の継承にもなるではないか。

たわいない夢想をしていると、無数の鳩が舞い上がった。何事かと視線を向けると、餌を与えていた稚児が鳩を追いかけていた。無邪気なものだ。こちらにもそんな時期があったのだが、はるか遠くのことで、今更戻るわけにはいかない。いい歳になって、人生は思うようにならないものだと、改めて振り返ってみるが、結局は、なるようにしかならないと気づかされただけだ。

「危ないわよ。転ぶわよ」

若い母親が鳩と愉しそうにたわむれている息子に言った。こどもの幸福を願わない親はいない。だが親は、こどもが幸福を感じていなければ、その幸福感もない。そんなことを意識させられると、親というものは、死ぬまで複雑な感情を持って、生きなければならない動物ということか。

歳を重ねると、考えてもしかたがないことを考える癖がついてしまったが、考えても考えなくてもなるようにしかならない。そんな諦めの境地にもなるが、人生というものはあっけない。すでにこちらは一遍よりもながく生きているが、念仏を称えながら全国を旅した彼は、なにを悟ったのだろう。悟るということは、自己の意識を抑制させることではないのか。

懸命に阿弥陀仏に縋《すが》って生きた一遍には失礼な言い方だが、生きている間に安寧《あんねい》というものはあるのだろうか。ないからこそ弥陀を信じ、あると思いたかったのではないか。そうであれば一遍の足跡を訪ねているわたしも同じことで、少しは救われる気持ちになってくる。

ぼんやりと物思いにふけっていると、鳩がまた舞い上がった。再びこどもが追いかけていたが、母親が言うように転んで泣きべそをかいていた。飛び立った鳩は近くに舞い降り、なにもなかったかのように餌を探している。その光景を見て、一遍もこの鳩たちみたいに誰に束縛されることなく、自由に生きたかったのではないかと思ってしまった。

（佐藤）

広峯神社

広峯神社は姫路市の広峯山頂にある。明治の神仏分離までの祭神は牛頭《ごず》天王。全国の総本社だったが、今日では牛頭《ごず》天王社「総本宮」を名乗っている。なお京都にある八坂神社も同じように名乗り、本社の綱引きを行っている。

現在主祭神は須佐之男命《すさのおのみこと》と五十猛命《いそたけるのみこと》。彼らが主祭神になっているのは、須佐之男命が天照大神のとの誓約のおり、一旦、朝鮮半島のソシモリの牛頭山に行き、そこから再び山陰の中部にある五十猛《いそたけ》の浜に上陸したことに由来している。今でもそこに五十猛という駅があり、近くには彼らにまつわる伝説や神社がある。

全国にあった牛頭天王信仰が明治以降、須佐之男命になったのは、天王という言葉と関係がある。神道国家によって国家を運営しようとした政府は、祇園精舎の守り神と、天皇という言葉が音読みで一緒だというのはよくないと考えた。

それまでの天皇は古代から、大王《おおきみ》・大君《おおきみ》・帝《みかど》・禁裏・内裏《だいり》とさまざまに呼ばれてきた。それを天皇という言葉に統一したのは近年のことだ。そこで問題になったのが天王という言葉だ。

そして神社になった時、朝鮮半島の仏教の聖地である牛頭山に行ったと伝説のある須佐之男命が、主祭神となったのだ。全国にたくさんあった牛頭天王信仰の仏様が、みな彼に変わったというのが真相だ。

つまり日本の歴史は、明治維新から新たに変わったということになる。神仏習合だったものが分離され、新たに天皇中心の政治をやりだしたのだが、それで今まであった歴史が遠ざけられたり、隠蔽するようになった。

歴史好きな人間からすると、少し残念だという気持ちも湧くが、それはいつの時代にも、どこの国にもあるし、歴史が勝者の物であれば、しかたがないことでもあるのだろう。逆にそれを調べていく愉しみもあるが、極端な書き換えや隠蔽は、わたしたちの文化や秩序も壊しかねない。なぜならわたしたちの未来は、歴史からしか学べないからだ。

全国にある須佐之男命が主祭神の神社の多くが、以前は牛頭天王を祀っていた寺社だったことをおもえば、この国から牛頭天王の影が消えてしまったということになる。

その広峯神社は天平時代からの古社で、多くの書物にも残っている。ただし「延喜式神名帳《みょうちょう》」に記載がないので、寺院としての色合いが強かったことが窺《うかが》える。拝殿の正面には鳥居もない。お寺にあるような石柱が両脇に建っているだけだ。付近には多くの社家《しゃけ》の跡があり、人々の崇敬を集め、栄えていたことがわかる。

バスを降りて四、五十分の登山となり、一遍たちがきた時には道も舗装されていず、かなりの難所ではなかったのか。神社までくると姫路の街が一望でき、秋のさわやかな風が中空を舞っていた。

この山まで上がってきて一遍はなにを祈願したのか。牛頭天王とどんな会話をしたのだろう。仏教談義でもやったのか。それともままにならない人生のことを話し合ったのだろうか。

いやいやそんなことはあるまい。彼は捨聖《すてひじり》なのだ。なんの煩悩《ぼんのう》もないはずだ。煩悩まみれで生きているわたしには、どんなに寺社を訪ね歩いても、澄んだ空のように心が晴れることはないだろう。

いったいにどうしたら心穏やかに生きることができるのか。一度でいいから、悟りの世界に身を置いてみたいが、すると捨聖が、それなら踊ってみろよ、もっとばかになりなさい、そうすれば目に見えないものが見えてくると言った。

人の目を気にし、人と比較して嫉妬したり、殊更に自分を卑下してしまうのは、俗人のわたしだけではないだろうが、迷いが消えるのは、この世とおさらばする時だけではないか。いい人生だったとおもうか、悪い人生だったとおもうかはその人の感情一つだが、死の間際によかったか悪かったかと問うてもなにもならない。

結果はどう出るか誰にもわからない。後悔してもはじまらないが、凡人のわたしたちはそのことを繰り返す。それはどんな経緯や政治の力があったとしても、寺院よりも神社を選択したこの広峯神社にも言えることではないか。

歴史は文字がつくる。この神社の歴史がまた再び浮上してくることもあるはずだ。

個人的で、お叱りを受けるかもしれないが、この神社こそが歴史の断層を背負っているとおもっている。（佐藤）

吉備津神社

神社の主祭神の大吉備津彦命は、四道将軍の一人として山陽道に派遣されて、吉備を平定して古代豪族になったと言われている。因みに他の四道将軍は、北陸方面に派遣された大彦命《おおびこのみこと》、東海地方に派遣された武渟川別命《たけぬなかわわけ》、丹波に派遣された丹波道主命《たんばみちぬしのみこと》のことを言い、彼らは『記紀』にも登場するので、崇神天皇の時に、それらの土地に侵攻したおりの武人ということになる。

とくに吉備津彦・武渟川別は崇神天皇の命により、出雲振根《いずものふるね》を誅伐したという人物だ。これらの時代に大和族の支配が、大幅に広がっていたということが推察される。そして吉備津彦命の子孫が代々吉備の国造《くにのみやつこ》を名乗り、それが古代豪族の吉備氏に繋がったと言われている。その吉備津彦を祀った神社は、岡山市西部、備前国と備中国の境の中山の麓にある。標高は一七五メートルの低い山だが、古来より神体山と呼ばれている。

主祭神の大吉備津彦命を祀る神社は、この山の東麓に吉備津彦神社、このほか備後府中にも吉備津神社、美作《みまさか》にも中山神社があり、それぞれは備前一宮、備中一宮、備後一宮、美作一宮として今日にある。中山神社の言い伝えによれば、和銅六年(七一三)に美作国《みまさかのくに》が備前国から分立したおりに、吉備中山から勧請《かんじょう》を受けて創建されたとみられている。よって社名も神体山の中山からきているとおもわれる。

ただし中山神社の主祭神は鏡神《かがみのかみ》となっている。奈良県に鏡作《かがみつくり》神社があり、そこの主祭神と相殿神《あいどのしん》もここの神社と同じだが、ほかの備前、備中、備後の祭神とは異なっている。大きな鏡作部《かがみつくりべ》の集団があったことは想像できるが、なぜ吉備津彦からそうなったのかはわからない。

またこれらの神社には吉備津彦が退治したという鬼神・御前宮《ごぜんぐう》が祀られている。温羅《うら》という鬼神で、元は百済の人間で、備中新山の鬼ノ城に住み、最後まで抵抗したと言われている。

わたしがその神社を最初に訪ねたのは三十代の初めで、あの頃から全国の神社を訪ね歩くようになった。神社を調べていると、別の日本の歴史が見えてきておもしろくなったのだが、神道を宗教と認めない人たちの気持ちもわからないではない。

神社の名前も祭神も代わるし、あまり関わりのない神や敵対していたような神も合祀されている。なによりも仏教と違い、書き残した文字が少ない。つまり歴史を遡っていけないのだ。歴史という文字は史《ふみ》で物事を歴然と、つまりはっきりさせることなので、書き残された文字がなければ歴史とはならない。

だから有史以前のことは、発掘調査や発見されたものから想像するしかないのだが、この国には文字が残っていれば、別の歴史が現れるのだがとおもうが、文字の伝播や使用が遅い日本は、古代史も中国の史書に頼らざるをえなくなってくる。日本は豊かな国だから有史以前からもっと栄えていたはずだと考えたりもするが、その思考が突然断ち切られるのはやはりつらい。

とくに古代から拓《ひら》けていた備前や備中《びっちゅう》・備後《びんご》の歴史が遡れないのは、日本史においてもったいない気がするが、それはどうすることもできない。その分、想像が膨らみ推理する愉しみはあるが、霧の中を彷徨《さまよ》うようなもので、確信できないもどかしさがある。

神社を下りて小腹が空いたので土産屋のラーメンをすすった。これが案外と美味しくて満足な気持ちになり、今し方まで偉そうに思案していたことも、どこかに吹っ飛んでしまった。現金なものだと苦笑したが、祭神の吉備津彦に怒られそうな気がしたので、備前一宮、備中一宮、備後一宮とみな訪ねて勘弁してもらおうとおもった。

（佐藤）

厳島神社

神社は「安芸の宮島」と言われ、日本三景の一つに数えられている。また平清盛によって海上に大規模な社殿が造営され、そこの平舞台《ひら》は日本三大舞台、海上に立つ大鳥居は日本三大鳥居とされ、日本三大なになにというのが三つもある。平家の信仰が厚かったことは、多くの人たちに知られている。

祭神は宗像三女神の市杵島姫命《いちきしまひめ》・田心姫命《たごりひめ》・端津姫命《たぎつひめ》で、厳島は市杵島姫命の名前からきている。その女神は神仏習合時代には仏教の女神・弁財天と習合し、近くにある大願寺と習合していて大伽藍《がらん》を構成していた。今日、そのお寺も日本三大弁財天の一つとされている。

古くは伊都岐島神社と呼ばれ、社伝によると、推古天皇元年（五九三）にこの地の豪族・佐伯鞍職《さえきのくらもと》が社殿を造営し、「延喜式神名帳《みょうちょう》」では安芸の一宮で名人大社に列せられている。古代より厳島は神の住む島として禁足地とされ、「神に斎島《いつく》」つまり神に仕える島として名を馳せた。

そのことは平安時代、平家一族の崇敬を受けて一層大きくなり現在の形になった。宗像三女神は海路・航海の神様であるところから、貿易で力を増した平清盛の信仰が大変に厚かった。

その平家の滅亡も早かったが、清盛自身は時代を啓いた人間として歴史に残っているが、彼の死後、平家の崩壊を知ったら、どんな気持ちになったのだろう。人生が儚《はかな》いとおもったか、あるいは虚しいと感じたかは知らないが、この世が忍土《にんど》だと気づいていたはずだ。でなければ仏門には入らなかっただろう。

もっとも今の時代の意識とは違うが、あの時代から末法の世に入るということは知っていたはずだから、世の中を憂いていたに違いない。また政権は経済が破綻すれば、必ずひっくり返る。軍事費が嵩めば国民の生活は疲弊し、経済も立ち行かなくなる。日本の政治でも外国の政治でも、政治制度が変わるのは決まってそんな時だ。人類の歴史が飢えと戦争の歴史だと知れば、わたしたちが生きていく上で、経済の安定がなによりも重要だと気づく。

戦後の日本がほぼ自民党政治なのは、わたしたちの生活が曲がりなりにも安定しているからだ。むしろこんなに飽食の時代は日本の歴史上ないことだ。その上戦争もない。上代や中世の人から見れば、今の時代はそれこそ極楽浄土の世の中に見えるのではないか。しかし世の中の安定を望むのは至難のことで、いずれまた日本もその渦中に陥るかもしれないが、今の時代に生きているわたしたちはただ幸運と喜ぶしかない。

全国を歩いていると、あの源平の戦が大変な内戦だとわかる。日本中の土地の取り合いをやっていたのだ。勝ち組の関東武者は全国の津々浦々まで入っているし、それは小さな島でも例外ではない。

そして関東武者と言われる北条氏も梶原、三浦、千葉、熊谷氏もみな元は平氏だ。その平氏が清盛の平家を討ったのだ。だから追い込まれた平家が山奥や離島に身を潜めて暮らしたのもそのためだ。源平の合戦はわたしたちが想像しているよりもはるかに大きい。

奢れる者久しからずと謡われた平家が、自分たちだけが富むのではなく、思い切った改革をして富の分配をやっていたとしたら、彼らの滅亡もなかっただろうが、今も昔も搾取する人間と搾取される人間とが顕著になれば、この国も危ういものとなってくる。

近年は富の格差が増してきたが、このことは、本当は危ないのだ。賃金格差や軍事費の増大が遠からず政治を破綻させるということを、七百二十以上もいるこの国の政治家たちは知らなさすぎるのではないか。彼らがなにか世の中のためにやったということよりも、悪いことをして新聞に載るほうがはるかに多いが、選良が道徳に外れたことをすれば、下々のわたしたちのモラルも崩壊する。美しい宮島を見ていて、ふと生意気なことを思案してしまったが、人のふり見て我がふり直せという言葉が戻ってきた。

（佐藤）

大山祇神社《おおやまづみ》

神社は愛媛県今治市大三島街宮浦にある伊予一宮。瀬戸内海の大三島にある神社で、三島神社・大山祇神社の総本社。島の鷲ケ頭山（四三六・五メートル）を御神体としている。上代には御島と呼ばれ、神の島とされていた。また「延喜式神名帳《みょうちょう》」には大山積神社と記され、山の神・海の神・戦闘の神として古くより朝廷や武将たちの崇敬を集めた。

四国から瀬戸内海をつなぐ島波ハイウェイを通って島に入ったが、空は晴れていて、眼下に瀬戸内の海が広がっていた。強い陽射しが目に痛いほどだった。

神社は高速道路の出口を道なりに進むとすぐにあり、大きな社だなとおもった。実際その通りで境内は広く、森には楠の巨木が林立していた。御田植祭用の水もあった。神門を潜り、本殿に行った後、陳列物があるほうに向かうと、戦争に関わる刀剣や甲冑、弓などの武器や武具の写真がいくつもあった。わたしは一瞬、靖国神社の遊就館のことを思い出したが、元々神社というものは、そういう側面もあると気を取り戻して見て歩いた。

戦いに敗れた者の魂鎮めをやるというのは、この国では古来から行われていることだ。亡くなった者を丁重に葬る習慣は、本来なら美徳とされてもいいのだが、明治以降、神社が侵略した土地に次々と創られ、それが侵略の象徴となったところから、今日の神社の悲劇がある。

仏教と神道の大きな違いは経典や仏典があるかないかだとおもうが、厳密に言えば神道は宗教と言いにくい側面もあるが、神社にお参りするのはこの国に住むわたしたちの祈りがある。それが政治の力によって変節してしまったのだ。

日本が敗戦して、アジアの国々が真っ先に神社を壊したのも、侵略の象徴として見られていたからだ。大陸や東南アジアに存在していた神社の書物を読んだことがあるが、いずれもすぐに排除されている。

それでも台湾など親日的な国には残っているが、アジアに夥しくあった神社はどこにもない。わたしたち日本人側から見れば、ながらく国内の戦争形式を他国に持ち込んだだけだとおもうだけかもしれないが、当然日本と外国は違う。もともとは魂鎮めや怨霊鎮めのために造ったのだが、彼らは侵略の象徴と捉えたのだ。穿《うが》った見方をすれば、今日の靖国参拝もそこに問題がある。

侵略の象徴と感じている者が戦犯と合祀されていることを忌み嫌えば、今の軋轢《あつれき》は容易に消えないはずだ。また今度の戦争のことで、心を痛めていた天皇がなぜ参拝をしなくなったかを考えれば、政治家は本当に政治をしているのかという気持ちにもなる。

戦犯は戦勝国が勝手に裁いたと言っても、今更どうなるものでもない。勝った国が自由に規則や法律をつくるのだ。それだからこそ農地改革も企業解体もできたのではないか。

一つ一つ問題を潰していくと、原爆を落とし、東京大空襲を行い、何百万人という民間人が殺されたことを振り返れば、戦争というものは人間の理性をすべて奪ってしまうということだ。そしてその歴史が人類の歴史というわけだ。人間は理性よりも、感情が優先するということを改めて認識させられる。

平和が戦争と戦争の間の小康状態の時を指すのだと言われるのも、それゆえのことだろう。わたしには靖国のことも戦争のこともよくわからないが、神社にはその影を内包しているということだ。参賀するのではなく、今後の戒めとして、武器や武具を陳列していると考え直せば、神社にそれらが奉納されている意味もわかる。

靖国神社にある戦闘機や人間魚雷機は、先の戦争を思い出して生々しく感じ、余計にアレルギーになっているのではないか。世界中に戦争の悲惨さを伝える記念館はあるが、敗戦した日本がこういうつらい戦争をしていたのだとおもえば、あちこちに陳列されている武具も戒めとなる。

一遍がこの神社を訪ねた頃は、当時としては最大の内戦があってしばらくしてのことだ。武家の子として生まれ、一族郎党が没落した彼の心中にどんなおもいが去来したのだろうか。

（佐藤）

善通寺

一遍と弘法大師の関係の一つの軸は地縁的なものである。その中で最も特筆すべきは弘法大師練行《れんぎょう》の地と伝える浮穴《うけな》郡菅生の岩屋での参籠《さんろう》の経験であろう。菅生の岩屋には伝弘法大師御作の不動明王像があり、一遍は不動堂に籠《こも》って「ながく舎宅田園をなげすて、恩愛眷属《けんぞく》を離れる」決意を固めた。もう一つの関係性は、恐らく弘法大師出家以前の山岳修行者としての側面だと思われる。

弘法大師は入唐直前の受戒まで、四国の石鎚山《いしづちさん》や室戸岬、近畿地方の吉野や大峰など修験道《しゅげんどう》の霊場で修行してい

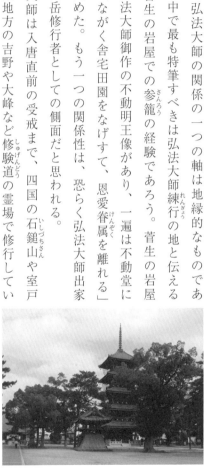

たと言われている。伊予の石鎚山には役行者《えんのぎょうじゃ》との結びつきを伝える記録もある。こうした、山岳仏教的伝統の中で修行した空海は、もう一方では行基に見られるような土木技術を携えた私度僧《しどそう》の一団とも接触があったはずである。有名な満濃池の改修工事などの技術を、空海がいつどこで身に付けたのか考える上で、そうした可能性は否定できない。というのも、四国霊場八十八カ所中二十八カ所は行基開基と伝える寺であり、これは空海以前に道路開鑿《さく》、架橋、井戸掘りなどの社会的作善の方法により仏道に帰依《きえ》する民間修行者の集団が、四国で活動していたことを示唆しているからである。

このように、後に真言宗開祖となる空海の修行僧時代の素地には、古い日本的仏教の伝統が横たわっている。一遍在世の鎌倉時代後期には、既に四国霊場巡礼が盛んに行なわれていたようであるし、これは単に弘法大師信仰だけが作り出したものではなく、それ以前の山岳修行者による霊場巡礼の足跡を踏まえて成立したものであろう。

以上のような歴史的背景を一瞥《べつ》した上で、一遍と空海との関係を再考してみると、その関係性は彼が教信や空也に抱いたような思慕の情によるものではなく、同じ四国の地に生まれた偉人に対する崇敬の念によるものだと言うことが出来るだろう。
善通寺は弘法大師生育の地とされている。多くの伽藍《がらん》が立ち並ぶ中に、ひと際目を引くのは大きな一対の楠である。樹齢の程は定かではないが、少なくとも一遍巡錫《じゅんしゃく》の折には、同じ場所に枝を広げていただろうと思われる。一遍は何度となくこの地を踏んでいたであろうが、死を前にした最後の旅の途中でもこの善通寺と弘法大師が母玉依御前《たまよりごぜん》の御霊《みたま》を弔ったという曼陀羅寺を尋ねている。『聖絵《ひじりえ》』はこの訪問について何ら補足していないが、その後一遍がその死期を悟って語った次の言葉を伝えている。「機縁既に薄くなり、人教誨《きょうかい》を用いず、生涯幾許《いくばく》ならず、死期近きにあり」これは、自身の独白ともとれるし、また人々に語っている言葉のようにもとれる。『聖絵』や『一遍上人語録』などを通じて一遍という人は、自らの哀しみを語ることが殆どなかった。しかし、この阿波から淡路にかけて書き留められた上人の言葉には、いつになく悲壮感が滲み出ている。

「おもふことみなつきはてぬうしと見しよをばさながら秋のはつかぜ」

「きえやすきいのちはみづのあはぢしま山のはながら月ぞさびしき」
大鳥の里河辺にて

「あるじなきみだのみなにぞむまれけるとなへすてたるあとの一声」
淡路の福良の泊にて
淡路の福良の泊にて

死が身の内にあることを感じ取った一遍の口から漏れたのは「おもふことみなつきはてぬ」という絶望的な言葉だった。この言葉は同行たちを不安にさせた。しかし、これを「機縁既に薄くなり、人教誨を用いず」という言葉に重ね合わせると、同行の時衆の人々との間においてさえ、信教上の意識の懸隔《けんかく》が歴然とあったことを想像させる。名号《みょうごう》の功力によって救われるとはいえ、恐らく、時衆の同行者たちは一遍が空也から受け継いだ「捨ててこそ」という念仏行者の核心を理解していなかったに違いない。だから、御遺誡《ごゆいかい》の中でも「みづから一念発心《ほっしん》せずよりほかには、三世《さんぜ》諸仏の慈悲も済《すく》ふことあたはざるものなり」という厳しい言葉が発せられるのである。一遍は常々「我が化導《けどう》は一期ばかりぞ」と語っていたというが、病を得て、死を意識した一遍の心はいよいよ孤独なものとなっていったのであろう。一遍には、弥陀の本願を唱える教えとは裏腹に、根本的に「三世《さんぜ》諸仏の慈悲も済《すく》ふことあたはざるものなり」という厳しい認識があった。人心を知れば知る程、利他行《りたぎょう》の困難を痛感するばかりだったのではないか。それ故に、この絶望の果てに心を置くとき、「あるじなきみだのみなにぞむまれけるとなへすてたるあとの一声」という名号《みょうごう》の功力にすがるより他なかったのだと思われる。

（上田）

淡路　大和大国魂《おおくにたま》神社

小高い山を上ると南あわじ市の町が見渡せた。静かな町並みを見た後にまた上がると、真新しい鳥居があった。どうやら阪神・淡路大震災によって修復不能になったので、平成十年（一九九八）に新しく建てられたらしい。

あの震災のことはよく憶えている。驚くような地震だったので、三回神戸に行った。悲惨な状況が今も瞼の裏側に焼き付いているが、人間はどんなに抗っても自然には勝てない。傲慢《ごうまん》になった時、必ず彼らの怒りに触れる。

たとえば「自然との調和」などと言って開発を進めるが、一度壊せば自然とは言わない。世界の中でも季節がはっきりとして、こんなに水の豊富な国はそうない。そのどちらも日本は持っているが、今日では乱開発や農薬の多用で、田螺《たにし》や泥鰌《どじょう》、蜻蛉《とんぼ》や蛙まで少なくなってきて、飲料水でも輸入するようになった。

激変している小動物や水辺の鳥たちのことをおもうと、その次はわたしたちの番だということになる。地球上でこんなに傲慢《ごうまん》に生きている人間に、しっぺ返しがこないはずがない。

元来、都市というものは出稼ぎで成り立っている。安い労働条件で生産性を上げ、やがては都市周辺を乱開発して、水を汚染させたり、伝染病が流行ったりして崩壊していく。しかし文明が進み、それらのことを克服して、巨大都市ができ上がっている。平野もあり、自然にも恵まれている日本は、世界の中でも屈指の都市を持つようにもなった。千数百万が一極集中しているのだ。

いかに整備された都市だといっても、河川は汚れ、ゴルフ場や田圃には夥しいほどの農薬を撒き散らしている。人体にいいはずがない。わたしたちは知らされていないが、すでに弊害は出ているのではないか。

そして阪神・淡路大震災よりも大きな被害が出た三陸沖大地震が起きた。それも処理まで何年かかるかわからない原発事故を伴なってだ。全国に五十数基ある原発のことをおもえば、わたしたち国民は、これからずっと不安の中で生きなければならない。人間が管理・制御できないものに頼って生きているのだ。これを傲慢と言わず、なんと言うのだろう。新しい鳥居を見上げて、なぜ人間はこうまでして物質的な豊かさを求めるのかと思案したが、それはわたしも同じことだ。本来は生きることと便利さは別物のはずなのだが、やはり便利さのほうに吸い寄せられていく。

農薬を使い、水草取りも少なくなり、機械を使えば、十日もあると田植えから稲刈りまでの工程は終わってしまう。大変な労働だった米作りも、今は重労働ではなくなった。こどもの頃にはよく腰の曲がった農家の老女を目にしたが、食生活も改善し、労働もきつくなくなり見かけることはなくなった。

それは本当にいいことで、いい国になったなと感じる半面、日本人が外国人に驚嘆されていた共同体も、自然の美しさも失って手を入れたものだとおもうと、人間の生の営みとはなんなのかと考えてしまう。

外国人が羨んでいた共同体も、農業を中心とした助け合いの精神から生まれたものだ。米作りは決して一人ではできないからだ。そしていい米を作ろうとする祈りこそが、神社にあるのだ。

たとえば注連縄《しめなわ》は雄と雌の蛇が交尾をする姿だといわれている。蛇はこどもをたくさん生むし、生命力がある。こどもがたくさんいれば労働力になる。新田開発だってできる。家族が豊かになれるのだ。

注連縄に下がっている紙垂《しで》は雷を意味している。雷が鳴れば雨を呼ぶ。稲作に大敵な日照りを防いでくれるのだ。狛犬《こまいぬ》は、ここから先は神域で不浄なものや魔物を通さないぞという意味だ。そして鳥居の格好は女性が股を広げている姿だ。

そこを体を清め、お百度を踏み出たり入ったりして祈願するのが男たちだ。つまり神社は女性の子宮全体を表している。農耕民族の日本人の祈りがあるのだ。だから子宝に恵まれなかったりすると、家内安全、子孫繁栄を祈願するのだ。

一遍も手を合わせたであろう神社の前に立つと、あまり欲ばかり追いかけている民族になると、本当に大地震で、日本沈没になるぞと脅かされるような気がしてくる。

（佐藤）

淡路　志筑《しづき》神社

ゆるやかな坂道を上がって行くと、砂地の境内の奥にさほど大きくはない神社があった。それが志筑神社。「延喜式」では淡路国津名郡九座の中の一座で国幣《こくへい》小社。国幣社とは明治八年の「神社祭式」で、国家から特別に神饌《しんせん》や供物、金銭援助がおこなわれる神社のことで、国幣小社には年間四十円、祈祷祭や新嘗祭《にいなめさい》のおりにも、十八円ずつ支給される。

その志筑神社の創建年代ははっきりとしないが、平安時代には平家の熊野神社の荘園、鎌倉時代には一条中納言家の荘園で、志筑郷の首座の神社だったとあることからも、案外と古い。

この神社に一遍は亡くなる少し前、正應二年（一二八九）に参詣《さんけい》している。祭神は少彦名命《すくなひこな》・大国主命となっているから、国土経営の安寧《あんねい》を願って建てられたもののようだ。

レンタカーで行ったが、近くまできてもわからず、二、三度あたりを行き来してようやく見つけた。神社は民家と民家にはさまれた通りの奥にあり、境内の右手に大きな樹が茂っていた。

拝殿の前は広い砂地で、きれいに掃き清められていた。歩けば靴底に砂がついた。わたしはそれがなんだか新鮮な気がして、後ろを振り向いた。自分の靴跡が追いかけてきている。それをじっと見ていると、幼い頃、影踏みをして遊んだことを思い出した。

近所に住んでいた二歳年上の女の子は、わたしをよく可愛がってくれた。そうしてくれたのも自分に弟がいなかったからではないか。お手玉もおはじきも教えてくれた。母親の真似をしていたのだろうが、世話好きの女の子だった。

その女の子は八歳の時に突然姿を消した。わたしは彼女が急にいなくなったので動揺し、母親にどこに行ったのかと何度も訊いた。彼女には結局はぐらかされたが、後年、両親が離婚し、母親の実家に戻ったと聞かされた。

その頃には心が騒ぐこともなかったが、それ以来会っていない。もう六十代半ばになるからいい歳だ。逢ってもわからないし、孫だっているだろう。年月は記憶を薄れさせ、起伏の大きい感情も宥《なだ》める。

遠い昔、好きだった女性に振られ元気がない時に、年配の男性から、未練を持っちゃいけないぞ、未練は事故の元だからなと忠告を受けたことがある。ずっとその意味がわからなかったが、老いてくると名言だなと感じるようになった。

近年は殺人事件が毎日のように報道されているが、日本人自体に堪《こら》え性がなく、刹《せつ》那《な》的に生きている人が増えてきたのかもしれない。教育が揺らいでいるのではないか。国家の源は人材で、人材が育たないと国家は滅びる。いざという時の決断や判断は、知識がないと的確に対峙《たいじ》できない。誤った方向に行ったりもする。

夜を通して働いたり、命がけで働く者からも税金は徴収される。それを集めた国家が、多額の助成金を大学に投与するのもそのためだ。途中で官僚や政治家が着服するのはもってのほかで、国家の根幹に関わることを知らなさすぎるということにもなる。

少子化で甘やかされて育っている人間が増えたのか、我慢や忍耐をする力が乏しくなっているのだろう。以前、失望している時に聞いた、未練は事故の元だという言葉が、わたしの心の中で俄然精彩を放ってきている。なるべく未練や物欲は持つまいとおもっているが、神社にくると文運隆盛と拝んでしまう。

それが一番の我欲だとわかっているが、つい神様に縋《すが》ってしまう。なんの能力もない弱い人間は、そうするしか心を落ち着かせることができないのだ。いっそうのこと一遍たちのように踊り狂って、全国をまわってやろうかと思案すると、できるものならやってみろと境内を踊る彼らの笑う幻がよぎった。

（佐藤）

真光寺

真光寺はもと光明福寺と呼ばれた一遍入定《にゅうじょう》の場所である。光明福寺《こうみょうふくじ》は寺の住持《じゅうじ》といぜん歌を詠みかわした事があり、そうした縁で淡路にいる一遍をわざわざ船を仕立てて迎えに寄こしたのである。境内に一遍の墓所があり、『聖絵《ひじりえ》』に描かれたような立派な五輪塔が建てられている。境内の中ほどには夥しい数の無縁仏の墓石が積み上げられている。幾度となくみまわれた戦災や震災により伽藍《がらん》や多くの文化財が失われてしまったせいか、境内に入ると何となく閑散としていて物寂しい。もっとも、それは平成七年

の阪神・淡路大震災で周辺一帯が甚大な被害を受け、道ばかり広い碁盤の目に仕切られた街を通ってやってきたためかもしれない。寺の直ぐ近くには清盛塚と呼ばれる清盛の供養塔がある。ここはまさに清盛による港湾都市建築の拠点だったのである。

『聖絵《ひじりえ》』には、淡路島にいた一遍らを「兵庫の島」の者が迎えにきたと記されている。兵庫の島とは平清盛が大輪田泊《おおわだのとまり》（＝港）を改修するために築いた汐留の人口島「経《きょう》ヶ島」のことと言われている。一遍の時代、それがまだ島であったかどうか『聖絵』から伺う事はできない。しかし、一遍らが淡路島から兵庫の島に船で向かう途中の背景に描かれた海岸には、人工的に切り取られたような段丘がかなり長く続いている。波打ち際から奥に数十メートル程の岸が鋭角に切り取られて、階段状の地形を作っている。推測でしかないが、自然の地形とも思われない。人工島を築くために切り取られた跡ではないだろうか。絵を見る限り光明福寺の周りにも建物が建ち並び、供養塔なども散見され、海に生業を有する人々の生活の場であった事がよく分かる。

一遍は寺内の観音堂に寄留して、やがて臨終を迎えることになる。正応二年（一二八九）八月二十三日の朝辰《たつ》の始《はじまり》の時刻であった。観音堂に入ってからも集まった大勢の人々に結縁《けちえん》を行い、最期の遺誡《いかい》を書き取らせた。そして、所持していた経の一部を書写山の僧に譲り、それ以外はみな焼き捨ててしまった。亡骸さえ印南野《いなみの》の教信に倣《なら》い「野にすててけだものにほどこすべし」と言い残し、三日前から水垢離《みずごり》を取って清らかな体で死を迎えたのである。しかし、亡骸は信者たちによって観音堂の前の松の木の下で荼毘《だび》に付され、やがて葬られた。その遺骨が、あの阪神・淡路大震災の時に五輪塔が崩れたために、人々の目に触れる機会が訪れた。遺骨は小さな骨壺に入れられ五輪塔の水輪に穿《うが》った窪みの中に納められていたのである。未曾有の災害に上人の慈悲深い心がこの世に現れたのであろうか。何れにせよ、「けだものにほどこすべし」と言い残した一遍の亡骸は、信仰の篤い在家の信者たちに依って丁重に葬られていたのであった。

『聖絵』には一遍の没後直ぐに制作された上人像の安置されたお堂が描かれている。そこに描かれた木像も何れかの時代に消失して今は伝わっていない。現在の五輪塔も新しいもので、没後すぐに建てられたものではないという。何度も倒れ、朽ち、その度に再建されたものである。考えてみれば、一遍の亡骸は実に激しい時代の変遷を眺めてきた事になる。いま墓所を出て直ぐの岸壁にでると、その先には卸市場などのある埋め立て地が広がり、その先にはポートアイランドや空港まである。小舟で渡った淡路島には橋が架けられているし、一遍の時代を偲ぶようなものはもう何も残されていないように思われる。私は一遍の足跡を辿る旅をつづけて、そこに何を求めているのかさえ見失い勝ちになりながら、それでも、一遍という人の魅力にひかれて遺された言葉を読み返すことをやめない。私は一遍のように家を捨て、家族を捨てて、旅に死する生き方を選ばないだろう。しかし、そんな私ではあるが、一遍の「捨ててこそ」という言葉が胸の内で石ころのようにころりころりと動いては、情に流されやすい心をその都度立ち止まらせているように思われてならない。

（上田）

結語

物も言葉も溢れかえっている時代に生きる者としては、一遍のようにその両方を極限まで切り捨てた人生に興味を感じるのも自然なことであろう。私にしてもただ漠然とした関心から栗田勇の『一遍上人―旅の思索者』などを読み、少しずつ一遍という人について考える時間が増えていった。『聖絵《ひじりえ》』を毎日のように眺めるようになっていた頃、作家の佐藤洋二郎氏と一遍上人の足跡を一緒に辿る機会を得て、三年程かけて『聖絵』の主な場面を歩いた。フィールドワークなどと言えば体裁はいいが、中身は実にいい加減なもので、ともすると一遍とは全然関係ない神社などを廻ることも多かった。佐藤氏の本職は言うまでもなく小説家だが、神社や神道に非常に詳しく素晴らしい解説付きで方々の神社巡りをして、むしろそちらの方が勉強になった。そんな旅を一通り終えて、直ぐに研究をまとめるべきなのであるが、どうも困ったことに旅をして一遍という人を身近に感じるようになればなるほど書けなくなった。色々な資料を読めば読む程、一遍が生きた時代の理解が不足していることを痛感させられる。そこから私はかなり長い時間をかけて歴史的知識の乏しさを埋め合わせなければならなかった。一遍や中世史の研究書を読み漁るうちに、時宗という宗派が小さな教団であるためか、一般的な出版物として流布していないが、非常に優れた研究が沢山《たくさん》あることに驚いた。そして、時宗を中心において中世史を眺めると、それまで見えなかった中世社会の実像が明らかになっていった。民俗学的研究の日進月歩の成果と併せて、一遍上人の存在は史的研究の視座からも非常に重要になっているように思われる。民俗学の研究などを参照しながら次第に一遍が生きた時代の骨格が整ってきたが、結局そうした研究においても『聖絵《ひじりえ》』が非常に貴重な資料であることを身にしみて感じるのである。

『聖絵』ほど、中世の人々の生活を如実に伝える資料はないのだ。裸に近い姿から、色とりどりの衣を何層にも身にまとった姿まで、様々な人間の生き様が描かれている。塀際に棒で支えた戸板の屋根の下、地べたに座って五徳で温めた粥を椀からすすっている者。そうかと思うと立派な牛車に乗って踊りを見に来る権門《けんもん》の妻女など。絵師法眼円伊《ほうげんえんい》の写実的な画法は天網のごとく、地上の存在を平等に捉えている。鎌倉時代中期、関東鎌倉に武家の都が築かれたことによって、それまで京の都とその外側という構図であった政治支配の圏域が、西国—東国をまたにかけて広範囲に拡大していった。すると、権力組織とその支配下に組み込まれたもの以外は、著しく生活の基盤を奪われる事態が出現したのだと考えられる。平安時代までの緩慢な都の支配では許容されていた多様な生活が、政治支配の強化によって排除や差別の対象とされるようになったのである。社会組織に組み込まれた者は、日々の苦役によって租税を収めることで生活の安定を得た。だが、それは同時に税を納めない、もしくは納められない者に対する蔑視と優越の感情を作り出していった。一遍が生きていた時代は、徳川時代に最悪となる職業差別が進行しつつある時代だったのである。そうした時代の流れを敏感に感じ取った一遍は、権力者の支配欲と、自由を奪われた者たちの怨念によって、社会の最下層へと追いやられた人々に、救いの手を差し伸べようとしたのである。

鎌倉新仏教の開祖の中で、比叡山を経由しない経歴をもつのは一遍くらいである。尤も、比叡山の大講堂には『麻山集《まざんしゅう》』などの説によるのか、一遍を比叡山の学僧として像を飾っているが。何れにしても、一遍の念仏が比叡山の学問を必要としなかったことは、一遍が遊行中一度も比叡山にのぼらなかったことからあきらかである。一遍には法然のように一宗を立ち上げる使命感も、親鸞のような心理学も、日蓮のような国家社会の理想もない。一遍にとっての大問題は目の前に生まれ、目の前の他者を追い、目の前で住処を追われ、目の前で死んでゆく現実の人間であった。一遍はこの問題のリアリティーを決して手放さなかったのだと思う。彼は自分が見たものについて考え、自分がしたことについて語った。

また彼は聖俗善悪に分たれる以前の荒々しい神々の力、仏法の守護神、海の神、死霊・御霊《ごりょう》を祀った社に多く参籠《さんろう》した。例えば、仏法の守護神である大隅八幡宮（＝鹿児島神宮）、石清水《いわしみず》八幡宮、海の神と考えてよい大山祇《おおやまづみ》神社、三島大社、厳島神社、住吉大社、えびす信仰の西宮神社、水葬の漂流地であった熊野権現、祟《たた》り神・御霊であった淡路二宮、淡路志筑《しづき》天神、牛頭《ごず》天王を祀った播州広峰神社など、天孫降臨の古事記神話に組み込まれない荒御魂《あらみたま》的性格を失っていない神々の聖域を廻ったことが分かる。ここでも彼は格式によらず、霊威・神威を感得する民間の霊能者的な感性に従って結縁《けちえん》する神々を選んでいたのである。こうしたことからも、一遍という人がどんな権威にも動かされることなく、自ら考え、選び、行動することのできた稀《まれ》な人物であったことが分かるだろう。

一遍を語るとき、誰もが再出家時の妻子同伴の旅立ちを問題にし、多くの人々がそこに女人救済の意思を読もうとするのであるが、私はそれ以上に世の誹《そし》りを一切顧みない独立独歩の歩みをこそ認めたいと思う。その時代、僧侶として身を立てる登竜門と言って良い比叡山を目指さなかったこと。伊勢神宮（伊勢神宮の方から蜂の姿で結縁にくるが）、出雲大社、春日大社などには赴かず、政治支配に組込まれない、もしくは御霊神《ごりょうしん》のように権力者でさえコントロールしきれない霊威を秘めた神々にのみ跪拝《きはい》したという事には大きな意味がある。いわば社会の辺境から辺境へと国家支配の狭間に生き残った古い神々に一遍が祈ったのは、中世が先ずそうした境界域に大量の下層民を作り出していたということ、そして社会の底辺で業病に苦しみ、また死穢《しわい》や汚穢《おわい》を嫌わずに社会を下支えしていた人々の祈りが、そうした神々より他受け止めるものがなかったからではないのか。

一遍の寄留地がそうした荒神《こうじん》の社であったことは、おのずから一遍を善男善女ならぬ人々の生に近づけていったはずである。一遍が再出家の初めから被差別下層民の救済を目指していたということもできるが、熊野成道《じょうどう》や、その後の大隅八幡の夢託による悟道のことを想起すれば、一遍の化導《けどう》の目的は遊行の旅とともに定まり深まって行ったと考える方が適当である。一遍は修行の途路、霊威を訪ねて歩みを進めてゆく間に、計らずも耕作する土地を持たない職能民や、世の中から見捨てられた者や病者たちと出会う事になったに違いない。病者とは特に盲人やハンセン病人らであり、職能民とは、『七十一番職人歌合』などを見ればわかるが、今で言う商工業に携わるもの、更に芸能民、宗教、運輸業などに従事する者たちである。例えば、一遍は丹波の穴太《あのう》で異形の狩人たちに結縁《けちえん》しているが、狩人など山人や海人、器物、金物、建具、武具などの製造細工、油や塩などの製造販売、履物などありとあらゆる日常必需品の製作者などがみな職人の括りで考えられていた。因幡の国を巡っていた時、一遍が履物を作っている老人と歌を詠み交わした話が『語録』に載っているが、これなども一遍を取り巻く人間関係の一端をうかがい知る事のできるエピソードと言える。また、『聖《ひじり》絵《え》』には花の下の教願の臨終の場面が描かれている。この花の下の教願は連歌師《れんがし》の宗《そう》匠《しょう》で、連歌師も『七十一番職人歌合』では職人の一つに数えられている。更に一遍が死の直前に西宮神社の神主に十念《じゅうねん》を授ける様子が『聖絵』に描かれているが、西宮神社の産所（散所）には傀儡《かいらい》師集団が付属しており、そこが芸能民集団と非常に深い関係のある神社だったことも偶然ではない。この西宮神社の傀儡舞は、やがて淡路人形浄瑠璃となり、そこから人形浄瑠璃、歌舞伎へと発展してゆくのである。その他、高野《こうや》聖《ひじり》、唱門《しょうもん》師《じ》、説経師として諸国を旅した宗教的芸能民なども、一遍の旅を導いた陰の集団と言って良い。こうした、一遍在世当時の人脈が二祖真教以降の時宗集団にも受け継がれ、後に時宗が諸芸能管理者として日本の文芸史・芸能史において非常に重要な役割をはたす遠因ともなっているのである。

文芸史だけをとってみても、私度《しど》僧《そう》である俗聖《ぞくひじり》たちが生業とした説経、絵解き、など多くの語り物文芸が、室町期の能や狂言をへて、近世の近松、西鶴らの旺盛な文芸創造期へと繋がってゆく。これは、一遍らの活動が、公民的な社会から逸脱して生きた人々の生を活気づかせたことに端を発していると見ることも出来る。織田信長による高野聖《こうやひじり》（＝時宗）大量虐殺や、徳川期の定着化政策によって浮浪する遊芸民がその数を減らし、今日近世以前の遊芸民の存在は一般には余り良く知られていない。しかし、近年、民俗学や時宗研究の進展によって優れた成果が数多く現われ、それら研究成果を踏まえて近いうちに一遍が後世に残した影響の正確な評価が出来るようになると思われる。生きる場所を失いかけた人々は、踊り念仏を携えた一遍の遊行によってどれほど勇気づけられただろうか。そうした視点から捨聖《すてひじり》一遍の生涯を辿り直し、一遍の死後社会の狭間を生きた人々がどのような生き方を見出して行ったのかを知ることは、文芸史や芸能史研究の上からも重要な課題になっている。一遍の足跡を辿り始めた時には、全く考えもしなかった深みと広がりが一遍上人の生涯の背後に広がっている。一遍の思想については随所で触れてきたので繰り返さないが、長いとも言えるし、短いとも言える一遍の十六年に及ぶ遊行の旅が、世から捨てられようとしていた多くの人々が生きる道を切り拓《ひら》いたことだけは明らかである。

（上田）

著者紹介

上田　薫（うえだ かおる）
日本大学藝術学部教授。一九六四年埼玉県生まれ。著書に『感性の哲学アラン』（宝塚出版）、『布切れの思考―アラン哲学に倣いて』『コギトへの思索―森有正論』（ともに江古田文学会）などがある。

佐藤　洋二郎（さとう ようじろう）
作家・日本大学藝術学部教授。一九四九年福岡県生まれ。『坂物語』『東京』（ともに講談社）『親鸞―既往は咎めず』『沈黙の神々Ⅰ・Ⅱ』『焼肉丼、万歳！―オヤジの背中、息子の目線』（ともに松柏社）、近刊に『忍土』（幻戯書房）など著書多数。

一遍上人と遊行の旅

二〇一六年五月二五日　初版第一刷発行

著　者　上田薫・佐藤洋二郎
発行者　森　信久
発行所　株式会社　松柏社
〒一〇二―〇〇七二　東京都千代田区飯田橋一―六―一
電話　〇三（三二三〇）四八一三（代表）
ファックス　〇三（三二三〇）四八五七
Eメール　info@shohakusha.com
http://www.shohakusha.com

装幀　常松靖史［TUNE］
組版　戸田浩平
印刷・製本　倉敷印刷株式会社
ISBN978-4-7754-0226-9